酒店物品艺术赏析

刘菲菲 主编

清华大学出版社
北京

内 容 简 介

本书根据职业教育的特点和当前学生的学习认知规律及酒店行业的需求编写,遵循"实际、实用、提升美学鉴赏力"的原则,从生活美学的角度审视酒店中常见的物品,深入探讨其背后的文化内涵。本书是国家精品在线开放课程、山东省精品资源共享课"酒店物品艺术赏析"的配套教材,适合于中高职旅游酒店类专业学生作为教材使用,也可作为其他专业学生的通识素养课程教材。

本书共设有七章:第一章茶·茶具;第二章酒·酒具;第三章咖啡;第四章欧洲瓷器;第五章雪茄;第六章烟斗;第七章中国古典家具。每个章节均设置课前导入、教学目标、教学重点、教学难点、课后思考、项目作业等内容,并补充大量阅读资料拓展相关知识内容。此外,本书的一大亮点在于,每个重要知识点都配有讲解视频,读者可以通过手机扫描二维码观看讲解视频,实现课下自学,便于知识点的巩固理解。

本书封面贴有清华大学出版社防伪标签,无标签者不得销售。
版权所有,侵权必究。举报:010-62782989,beiqinquan@tup.tsinghua.edu.cn。

图书在版编目(CIP)数据

酒店物品艺术赏析/刘菲菲主编. —北京:清华大学出版社,2019(2023.1重印)
(高职高专旅游类专业精品教材)
ISBN 978-7-302-53504-1

Ⅰ. ①酒… Ⅱ. ①刘… Ⅲ. ①饭店-日用品-高等职业教育-教材 Ⅳ. ①F719.2

中国版本图书馆 CIP 数据核字(2019)第 180115 号

责任编辑:吴梦佳
封面设计:傅瑞学
责任校对:袁 芳
责任印制:宋 林

出版发行:清华大学出版社
网　　址:http://www.tup.com.cn,http://www.wqbook.com
地　　址:北京清华大学学研大厦A座　邮　编:100084
社 总 机:010-83470000　　　　　　　邮　购:010-62786544
投稿与读者服务:010-62776969,c-service@tup.tsinghua.edu.cn
质量反馈:010-62772015,zhiliang@tup.tsinghua.edu.cn
课件下载:http://www.tup.com.cn,010-83470410

印 装 者:北京嘉实印刷有限公司
经　　销:全国新华书店
开　　本:185mm×260mm　　印　张:11.75　　字　数:259千字
版　　次:2019年9月第1版　　　　　　印　次:2023年1月第4次印刷
定　　价:58.00元

产品编号:084259-02

序

随着中国经济的飞速发展,宾客的知识结构在不断变化,美学艺术修养大幅提高。致力于为住客提供温馨服务的各高档酒店及民宿等新型酒店业态一改传统酒店的"高冷"风格,开始变得"小而美"——从环境氛围营造到各类器物的选择,从咖啡冲煮方式到家具风格的设计,处处深挖美学内涵,让酒店成为富有文化气息的生活体验空间。因此,酒店从业人员不仅需要具备基本的服务技能和管理技巧,而且要具有一定的美学修养,才能够提供高附加值的服务。但以往高等院校对酒店管理专业学生的培养大多强调各种管理理论和服务技能的学习,而忽视了对学生艺术美学鉴赏力的培养,这不能不说是一种遗憾。

本书根据职业教育的特点和当前学生的学习认知规律以及酒店行业需求,遵循"实际、实用、提升美学鉴赏力"的原则,介绍和分析了部分酒店常见物品。本书与同类书籍最大的区别在于"从审美的角度去审视酒店",对所介绍的知识不是泛泛而谈,不仅告诉学生"是什么",而且深入解释"为什么",在潜移默化中培养学生对酒店的兴趣,使学生具备识别、鉴赏酒店中各种物品的能力,提高品位,并能灵活地将所学知识应用于生活、工作实践中。

本书是国家精品在线开放课程、山东省精品资源共享课"酒店物品艺术赏析"的配套教材。编者在十余年的课程教学实践基础上,结合当今信息化教育改革的需要,对教材内容进行梳理。

(1)结合相关领域的最新发展趋势和专业著作,设计教材内容与选择图片。

(2)内容完全匹配国家精品在线开放课程、山东省精品资源共享课"酒店物品艺术赏析"的教学要求,内容精简到7章,内容更加紧凑,每章相关内容的讲解也更加深入。

(3)引入国家精品在线开放课程的网络视频教学资源、电子课件等,与本书无缝对接。读者可通过扫描书中的二维码观看知识点的同步讲解微课视频,丰富学习形式,也使得本书成为融文本与视频于一体的立体化教材。

虽然本书作为教材出版,但由于其内容时尚,颇具生活美学的气息,故也可作为一本休闲读物,满足普通大众提升美学鉴赏力的需求。本书内容充实、新颖,讲解透彻入理,配以大量讲解视频和精美图片,以及知识量丰富的课外"阅读资料",知识性、趣味性并重。用轻松的心情阅读此书,既可放松身心、陶冶情操,又能学到在其他休闲读物上难以学到的知识,在不知不觉中提升艺术修养和鉴赏力。

在本书的编写过程中,编者深入酒店,掌握行业动态,将酒店物品结合美学知识展现给广大读者。同时,编者听取了"双师型"专业教师和酒店专业人才的建议,参考了大量相关网站的资料,在此表示诚挚的感谢。

虽然我们力求完美,反复修改,但毕竟编者的学识和能力有限,书中难免有不妥或疏漏之处,敬请广大读者不吝赐教。

课程概述

酒店物品艺术赏析片花

编 者
2019 年 3 月

目　　录

第一章　茶·茶具 ... 1

 第一节　茶具 ... 3
 第二节　茶叶 ... 12
 第三节　茶艺 ... 20

第二章　酒·酒具 ... 26

 第一节　葡萄酒瓶与酒塞 ... 28
 第二节　葡萄酒杯 ... 33
 第三节　葡萄酒 ... 44
 第四节　白兰地 ... 54

第三章　咖啡 ... 64

 第一节　咖啡的历史 ... 67
 第二节　咖啡豆的加工过程及种类 ... 71
 第三节　咖啡文化的演变历程 ... 84

第四章　欧洲瓷器 ... 93

 第一节　欧洲瓷器的发展史 ... 95
 第二节　著名的欧洲瓷器品牌 ... 101

第五章　雪茄 ... 108

 第一节　雪茄概述 ... 110
 第二节　雪茄礼仪 ... 121
 第三节　雪茄品牌 ... 127

第六章　烟斗 ... 138

 第一节　烟斗的历史和文化 ... 140
 第二节　烟斗的构造和材质 ... 143
 第三节　石楠木烟斗的选购 ... 150

第七章　中国古典家具 …… 160

第一节　明清之前的家具发展史 …… 162
第二节　明清家具 …… 167
第三节　中式酒店家具设计案例欣赏 …… 175

参考文献 …… 179

第一章

茶・茶具

如果说食物代表了人的生理需要,那么汤汁饮料便是关乎人类的精神需要。所以茶不仅是"柴米油盐酱醋茶"的"茶",更是"琴棋书画诗酒茶"的"茶"……

【课前导入】

陆羽《茶经》与唐代饮茶方式

陆羽(公元733—804年),字鸿渐,一名疾,字季疵,号东冈子、桑苎翁,唐代复州竟陵(今湖北天门)人,一生嗜茶,精于茶道,以著世界第一部茶叶专著——《茶经》闻名于世,对中国茶业和世界茶业发展作出了卓越贡献,被誉为"茶仙",奉为"茶圣"。在洋洋七千余言的《茶经》中,陆羽简洁又全面地介绍了唐朝的茶文化。

认识陆羽

唐代饮茶之风盛行,唐人饮茶讲究鉴茗、品水、观火、辨器。在饮茶方式上,唐代有煎茶、庵茶、煮茶等方式。唐中叶盛行煎茶。唐代的茶叶有粗茶、散茶、末茶、饼茶四种。煎茶用的是饼茶。先将茶饼复烘干燥,谓之"炙茶"。等茶叶冷却后,再取出打碎,碾成粉末状,经箩细筛,筛下茶即成待烹的茶末。即经过炙、碾、罗三道工序,将饼茶加工成细末状,再进行煎茶。

煮茶分成三个阶段,即"三沸"。当水煮到出现鱼眼大的气泡并伴有微声时,是第一沸。这时根据水量加入适量盐调味,尝尝水味,不要因为味淡而多加盐。当锅边缘水如连珠时,是第二沸。舀出一瓢开水后,用竹夹在水中搅动成水涡,使水沸度均匀,用量茶小勺量取茶末,投入水涡中心,再加搅动。过一会儿,水面波浪翻腾着,溅出许多沫时,也就是第三沸。将原先舀出的水倒回,使开水停沸,生成茶沫。此时,要把茶沫上形成的一层水膜去掉,因为它味道不正。"三沸"之后,不宜接着煮。煮茶的水不能多加,否则味淡。

酌茶,即用瓢舀汤向茶盏分茶,其基本要领是使各碗沫饽均匀。从锅中舀出第一碗茶汤叫隽永,隽味永长的意思,也指最好的东西。隽永须舀出,以备止沸和育华时用。如煮一升水,可分作五碗,每碗的沫饽要均匀。要喝到鲜香、味浓的茶,除隽永外,一锅煮出的头三碗最好。较次一等的多煮到五碗。若数个客人,用隽永水补足。饮茶应趁热。

唐代另一饮茶法是唐以前盛行的煮茶法,即把葱、姜、枣、橘皮、薄荷等物与茶叶放在一起充分煮沸,或者使汤更加沸腾以求汤滑,或者煮去茶沫。这种方法在唐代已经过时,陆羽认为这种方法煮出的茶"斯沟渠间弃水耳,而习俗不已",就如同倒在沟里的废水一样不堪饮用,而世人一向习惯就是这样。现代民间喜爱的打油茶、擂茶等则为原始煮茶遗风。

【教学目标】

1. 知识目标

(1) 掌握茶的分类及其代表品种。

(2) 熟悉茶具的材质,掌握各种茶具的功能。

(3) 掌握茶和茶具的搭配技巧。

(4) 了解茶的文化历史。

2. 能力目标

(1) 能够区分不同的茶类。

(2) 能够为不同的茶选择最适宜的茶具。

(3) 掌握各种茶的冲泡技巧。

【教学重点】

各种茶具的功用。

【教学难点】

各类茶叶的品质鉴别。

第一节 茶 具

茶具的定义,古今并不相同。古代茶具,如陆羽《茶经》中所述,泛指制茶、饮茶使用的各种工具,包括采茶工具、制茶工具、储茶工具、饮茶工具等几大类。现代茶具,则指与泡茶有关的专门器具,古时叫茶器,宋代以后,茶具与茶器才逐渐合一。

一、依据茶具的材质分类

(一) 金属茶具

金属茶具是我国最古老的日用器具之一,早在公元前 18 世纪至公元前 221 年秦始皇统一中国之前的 1500 年间,青铜器就得到了广泛的应用,先人用青铜制作盘盛水,制作爵、尊盛酒,这些青铜器皿自然也可用来盛茶。自秦汉至六朝,茶叶开始流行,茶具也逐渐从与其他饮具共用中分离出来。大约到南北朝时,我国出现了包括饮茶器皿在内的金银器具。到隋唐时,金银器具的制作水平达到高峰。20 世纪 80 年代中期,陕西扶风法门寺出土的一套由唐僖宗供奉的鎏金茶具(图 1-1),可谓是金属茶具中罕见的稀世珍宝。但从宋代开始,古人对金属茶具褒贬不一。元代以后,特别是从明代开始,随着茶类的创新、饮茶方法的改变,以及陶瓷茶具的兴起,才使得包括银质器具在内的金属茶具逐渐消失,尤其是用锡、铁、铅等金属制作的茶具,用它们来煮水泡茶,被认为会使茶味"走样",以致很少有

金属茶具

图 1-1　陕西扶风法门寺出土的唐代鎏金茶具

人使用。

近年来,用来煎茶煮水的日本铁壶因兼具养生、观赏和收藏价值,逐渐流行起来。铁壶(图 1-2、图 1-3)也称铁瓶,是以生铁为原料,用传统铸造工艺和后期手工打磨制成的茶壶。其最早可追溯至江户时期,距今有数百年历史。茶道从中国传入日本后,成了日本的时尚,到了江户时期,茶友们将"茶釜"加上注水口和把手用来泡茶,铁壶随之诞生。

图 1-2　南部铁壶

图 1-3　京都铁壶

(二) 瓷器茶具

瓷器发明后,瓷器茶具就逐渐成为主流茶具。瓷器茶具可分为青瓷茶具、白瓷茶具、彩瓷茶具和黑瓷茶具。

1. 青瓷茶具

青瓷茶具从晋代开始发展,青瓷的主要产地在浙江。16 世纪时,浙江省龙泉市哥窑生产的青瓷茶具首次远销欧洲市场,立即引起人们的极大兴趣。现在,世界很多著名博物馆都珍藏有龙泉青瓷(图 1-4)。

青瓷茶具

图 1-4　龙泉青瓷

2. 白瓷茶具

白瓷坯质透明,无吸水性,音清而韵长,1300℃左右烧成,能反映出茶汤色泽,传热、保温性适中,不会与茶发生化学反应,泡茶能获得较好的色、香、味,且造型美观精巧,适合用来冲泡轻发酵、重香气的茶。白瓷早在唐代就有"假玉器"之称。北宋时,景德镇窑生产的瓷器质薄光润,白里泛青,雅致悦目,并有影青刻花、印花和褐色点彩装饰。其他如湖南醴陵、河北唐山、安徽祁门的白瓷茶具也各具特色。

白瓷和彩瓷

3. 彩瓷茶具

彩瓷也称"彩绘瓷",是在器物表面加以彩绘的瓷器。主要有釉下彩瓷和釉上彩瓷两大类,釉下彩瓷始于三国时期东吴釉下彩绘瓷。唐代有唐青花,以及长沙窑等釉下彩绘瓷。明清时期开始出现釉上彩(粉彩)瓷,同时也是彩瓷发展的鼎盛期,以景德镇窑的成就最为突出。青花瓷(图 1-5)是彩瓷中的一个大类,属釉下彩瓷。原始青花瓷于唐宋已见端倪,成熟的青花瓷则出现在元代景德镇的湖田窑。明代青花瓷成为瓷器的主流。清康熙时发展到了顶峰。明清时期,还创烧了青花五彩、孔雀绿釉青花、豆青釉青花、青花红彩、黄地青花、哥釉青花等衍生品种。

图 1-5　青花瓷茶具

4. 黑瓷茶具

宋代,福建斗茶之风盛行,斗茶者们根据经验认为建安窑所产的黑瓷茶盏(图1-6)用来斗茶最为适宜,黑瓷茶盏因而驰名。浙江余姚、德清一带也曾出产过漆黑光亮、美观实用的黑釉瓷茶具,最流行的是一种鸡头壶,即茶壶的嘴呈鸡头状,日本东京国立博物馆至今还存有一件,名叫"天鸡壶",被视作珍宝。

黑瓷茶具

图1-6 黑瓷茶盏

【阅读资料1-1】

宋 人 点 茶

中国茶史上历来就有"茶兴于唐,盛于宋"的说法。

在宋代,饮茶已在社会各个阶层中普及,包括下层平民。茶不仅成为人们日常生活中不可或缺的物品,而且饮茶的风俗深入到民间生活的各个方面。开封、临安两地茶肆、茶坊林立,客来敬茶的礼俗也已广为流传。茶饮已经"飞入寻常百姓家",饮茶方法在唐代基础上又迈进了一步,迅速发展了合于时代的、高雅的点茶法。

点茶法比唐代煎茶法更讲究,包括炙茶、碾罗、候汤、熁盏、点茶等一套程序。

在宋代,点茶用饼茶。饼茶也需炙烤加工才能使用,炙茶的过程与煎茶相同,也是用炭火烤出水汽。然后将茶饼碾碎成粉末,再用叉罗筛过,茶粉越细越好,所以要求茶罗十分细密。候汤则是要掌握点茶用水的沸滚程度,这是点茶成败的关键。掌握水沸的程度,冲点出色、香、味俱佳的茶汤,只能凭点茶人的经验来完成。另外,唐人煎茶时所用的"盂"在宋代煮水时被体积较小的茶瓶代替。在点茶之前,还要用沸水冲洗杯盏,预热饮具。

点茶时,先要将适量的茶粉放入茶盏中点泡一些沸水,将茶粉调和成膏状,然后再添加沸水,边添边用茶匙击拂。点泡后,如果茶汤的颜色呈乳白色,茶汤表面泛起的"汤花"能较长时间凝住杯盏内壁不动,这样才算点泡出一杯好茶。点茶追求茶的真香、真味,不掺任何杂质,并且十分注重点茶过程中动作的优美协调。点茶以茶粉作为原料,再用沸水点冲,所以人们饮用时要连茶粉带水一起喝下。

与唐代煎茶相比,宋代人更喜爱典雅精致的点茶艺术(图1-7)。从城市到乡村,皇帝贵族、文人、僧侣、百姓无不点茶。南宋理宗开庆元年,点茶经日本僧人南浦昭明传至日本,后经日本茶道创始人千利休改造而成日本茶道。

图1-7 刘松年(南宋)《撵茶图》局部

(三)紫砂茶具

紫砂茶具早在北宋初期就已出现,成为独树一帜的优秀茶具。它的工艺既精致又实用。紫砂壶(图1-8、图1-9)成陶火温在1000~1200℃,质地致密,既不渗漏,又有肉眼看不见的气孔,能吸附茶汁,蕴蓄茶味,且传热缓慢不致烫手,即使冷热骤变,也不致破裂。用紫砂壶泡茶,香味醇

鉴赏紫砂壶

图1-8 紫砂提梁壶

图1-9 南瓜壶

和、保温性好。紫砂壶耐热耐寒，泡茶无熟汤味，能保正香，美中不足的是难欣赏到茶叶的美姿和汤色。一般认为，用紫砂壶泡乌龙茶等半发酵茶时最能展现茶味特色。

正宗的紫砂壶和一般的陶器不同，其里外都不敷釉，采用当地的紫泥、红泥、团山泥抟制焙烧而成。由于成陶火温高、烧结密致、胎质细腻，长时间使用，壶体的颜色会变得越来越自然，而在壶内泡着的茶会渗进壶体内，使壶蕴含茶味。

新购买的紫砂壶应首先确定用来冲泡哪种茶叶。比较讲究的可为不同的茶叶配不同的茶壶。新壶在使用前应先用茶汤煮一下，一是去除茶壶中的土味；二是可使茶壶得到滋养。

紫砂壶每次使用完毕，都应该将壶中的茶渣倒掉，并用热水冲去残汤，以保持清洁。清洗壶的表面时，可用手加以擦洗，洗后再用干净的细棉布或其他较细软的布进行擦拭，然后放于干燥通风且无异味处阴干。平时应经常擦拭紫砂壶，并用手不断抚摩，这样不仅能使其手感舒服，而且会让紫砂壶焕发出紫砂陶质本身的光泽，久而久之，壶体会浑朴润雅，耐人寻味。

（四）漆器茶具

漆器茶具（图1-10）始于清代，主要产于福建福州一带。福州生产的漆器茶具多姿多彩，有"宝砂闪光""金丝玛瑙""釉变金丝""仿古瓷""雕填"等品种，特别是在红如宝石的"赤金砂"和"暗花"等新工艺出现以后，漆器茶具更加鲜丽夺目，令人喜爱。它具有轻巧美观、色泽光亮及能耐温、耐酸的特点，这种茶器具更具有艺术品的功用。

漆器及其他材质茶具

图1-10　漆器茶具

（五）玻璃茶具

玻璃茶具质地透明、传热快、不透气。以玻璃杯泡茶，茶叶在整个冲泡过程中的上下转动、叶片逐渐舒展的情形及吐露的茶汤颜色，均可一览无余。玻璃茶具容易破碎、较烫手，但物美价廉。用玻璃茶具冲泡龙井、碧螺春等绿茶，杯中轻雾缥缈，茶芽朵朵，上下浮沉，赏心悦目，别有一番风趣。

二、依据茶具的功能分类

（一）主泡器

1. 茶壶

茶壶是主要的泡茶容器，一般以陶壶为主，此外还有瓷壶、石壶等。上等的茶，强调的是色、香、味俱全，喉韵甘润且耐泡；而一把好茶壶不仅要外观美雅、质地匀滑，最重要的是要实用。空有好茶，没有好壶来泡，无法将茶的精华展现出来；空有好壶，没有好茶，总叫人有美中不足的感觉。一把好茶壶应具备的条件如下。

（1）壶嘴出水要流畅，不淋滚茶汁，不溅水花。

（2）壶盖与壶身要密合，壶口与出水的嘴要在同一水平面上。壶身宜浅不宜深，壶盖宜紧不宜松。

（3）无泥味、杂味。

（4）能适应冷热急遽变化，不渗漏，不易破裂。

（5）质地能配合所冲泡茶叶的种类，将茶的特色发挥得淋漓尽致。

（6）方便置入茶叶，容水量足够。

（7）泡后茶汤能够保温，不会散热太快，能让茶叶成分在短时间内合宜浸出。

2. 茶船

茶船（图1-11）又称茶池或壶承，是用来放置茶壶的容器，茶壶里塞入茶叶，冲入沸水，倒入茶船后，再从茶壶上方淋沸水以温壶。淋浇的沸水也可以用来洗茶杯。

3. 茶海

茶海（图1-12）又称茶盅或公道杯，形状似无柄的敞口茶壶。茶壶内的茶汤浸泡至适当浓度后，将茶汤倒至茶海，再分倒于各小茶杯内，以求茶汤浓度均匀。也可于茶海上覆一滤网，以滤去茶渣、茶末。没有专用的茶海时，也可以用茶壶代替。

图1-11　茶船

图1-12　茶海（公道杯）

4. 茶杯

茶杯（图1-13）种类繁多，喝不同的茶用不同的茶杯。近年来，更流行边喝茶边闻茶香的闻香杯。根据茶壶的形状、色泽，选择适当的茶杯，搭配起来也颇具美感。为了便于欣赏茶汤颜色及清洗茶杯，杯子内面最好上白色或浅色釉。杯子最好能做到握拿舒服，就口舒适，入口顺畅。

5. 盖碗

盖碗(图1-14)又称盖杯,分为茶碗、碗盖、托碟三部分,一般用于冲泡花茶或绿茶,在专业评审茶叶质量时也多用此杯。

图1-13　闻香杯(左)、品茗杯(右)

图1-14　盖碗

6. 茶盘

茶盘(图1-15)是用来盛放茶杯或其他茶具的盘子,以盛接泡茶过程中流出或倒掉的茶水,也可以用作摆放茶杯。茶盘有塑料制品、不锈钢制品,形状有圆形、长方形等多种。

图1-15　茶盘

(二) 辅泡器

1. 茶漏

茶漏(图1-16)于置茶时放在壶口上,以导茶入壶,防止茶叶掉落壶外。

2. 茶则

茶则(图1-17)为盛茶入壶的用具,一般为竹制品。

3. 茶匙

茶匙(图1-18)又称茶扒,将茶叶由茶罐或茶则拨入茶壶中的器具,多为竹制品,形状像汤匙,所以称茶匙。还有一种是一端弯曲的茶匙,其主要用途是挖取茶壶内泡过的茶叶。

4. 茶针

茶针(图1-18)的功用是疏通茶壶的内网(蜂巢),保持水流畅通。

5. 茶夹

茶夹(图1-18)又称茶筷,其功用与茶匙相同,可将茶渣从壶中夹出。也有人用它夹着茶

图 1-16　茶漏

图 1-17　茶则

杯洗杯,防烫又卫生。

6. 茶荷

茶荷(图 1-19)的功用与茶则、茶漏类似,都是置茶的用具,但茶荷兼具赏茶功能。其形状多为有引口的半球形,瓷质或竹质,用于盛放干茶,供客人欣赏干茶并将干茶投入茶壶。茶荷既实用又可当艺术品。没有茶荷时可用质地较硬的厚纸板折成茶荷形状使用。

图 1-18　茶匙、茶针、茶夹

图 1-19　茶荷

7. 茶巾

茶巾又称为茶布,其主要功用是擦干茶壶,在斟茶之前将茶壶或茶海底部残留的水擦干,也可擦拭滴落到桌面上的茶水。

8. 茶叶罐

茶叶罐必须无杂味、密封且不透光,其材料有马口铁、不锈钢、锡合金及陶瓷等。

9. 煮水器

煮水器多用随手泡(图 1-20),是加热、煮水用的器皿,泡茶的煮水器在古代用风炉,现在较常见的有酒精灯及电壶,此外还有瓦斯炉及电子开水机。

图 1-20　随手泡

第二节　茶　　叶

一、茶叶的起源

中国是最早发现和利用茶树的国家,被称为茶的祖国。我国发现并利用茶的历史已有数千年,茶的分布范围又十分广泛,因此也就形成了不同区域、不同历史时期对"茶"字书写以及称谓的不同。如公元前2世纪,西汉司马相如在其《凡将篇》中将茶称为"荈诧",西汉末年杨雄在其《方言》中将茶称为"蔎",《神农本草经》中称之为"荼",其他的还有茗、槚、苦茶等,都是茶的同义词。唐代陆羽在写《茶经》时将"荼"字减写一画,改写为"茶",自此以后"茶"的字、音、义就固定下来了。

茶叶是采摘茶树的鲜叶经过加工制作而成的,所以了解茶叶必须从了解茶树开始。茶树属山茶科山茶属。全世界山茶科植物共有23属380种,我国就有15属260余种,大多分布在云南、贵州、四川一带,所以唐代陆羽在《茶经》中称:"茶者,南方之嘉木也。"

《神农本草经》记载:"神农尝百草,日遇七十二毒,得荼而解之。"据考证,神农氏生活在原始社会时期,距今已有五千多年的历史。在悠久的历史中,茶的清香与高雅成为中国文化的重要特色之一。

二、茶叶的分类

(一)依据茶叶的发酵程度分类

依据茶叶的发酵程度不同,可将茶叶分为全发酵茶、半发酵茶和不发酵茶三类。

(二)依据产茶的季节分类

(1) 春茶又名头帮茶或头水茶,为清明至夏至所采制的茶叶。茶叶嫩,品质极佳。

(2) 夏茶又称二帮茶或二水茶,是在夏至前后采制的茶叶。

(3) 秋茶又称三水茶或三番茶,是在夏至后一个月所采制的茶叶。

(4) 冬茶又称四番茶,即秋分以后采制的茶叶。

(三)依据茶叶的形状分类

依据茶叶的形状不同,可将茶叶分为散茶、条茶、碎茶、圆茶、砖茶、束茶等。

(四)依据初制工艺及所形成的茶叶品质特征分类

按传统分类方法,应用最广泛的是依据初制工艺及所形成的茶叶品质特征分类,可将茶叶分为绿茶、黄茶、白茶、乌龙茶(青茶)、红茶、黑茶六大茶类。

1. 绿茶

绿茶是中国最主要的茶类,属于不发酵茶。绿茶是我国产区最广、产量最多、品质最佳的一类茶叶。按照杀青的方式不同可分为蒸青绿茶、晒青绿茶、烘青绿茶和炒青绿茶。其品质特点是清汤绿叶,名优茶有西湖龙

绿茶

井、碧螺春等。

2. 黄茶

黄茶的制作方法与绿茶相似，不同的是多了一道闷堆的工序。这个闷堆的过程是黄茶制法的主要特点，也是它同绿茶制法的根本区别，成品黄茶具有黄叶、黄汤、香气清悦、滋味醇厚的品质特点。著名的黄茶有湖南岳阳产的君山银针(图 1-21)、安徽霍山黄芽(图 1-22)等。

黄茶

图 1-21　君山银针　　　　图 1-22　霍山黄芽

3. 白茶

白茶(图 1-23)是轻发酵而成的茶类，是我国茶类中的珍品。因其成品茶多为条状的白色茶叶，满披白毫而得名。白茶汤色泽呈象牙色。白茶主产于福建省，产品有白毫银针、白牡丹、贡眉等。

4. 乌龙茶

白茶和青茶

乌龙茶又称为青茶，属于半发酵茶。其品质特点是绿叶红镶边，干茶色泽呈深绿色或青褐色，香气馥郁，汤色金黄或橙黄，清澈明亮，滋味醇厚，富于天然的花香。乌龙茶主要有产于福建的大红袍(图 1-24)和铁观音(图 1-25)、台湾的冻顶乌龙、广东的凤凰单枞等。

图 1-23　白茶

图 1-24　大红袍　　　　　　　图 1-25　铁观音

5. 红茶

红茶又称为全发酵茶。红茶的品质风格与绿茶大不相同,其品质特点是干茶色泽黑褐油润,红中带乌黑,所以英语名为"Black Tea"。红茶一直深受欧美人的喜爱。在国际茶叶市场上,红茶的贸易量占世界茶叶总贸易量的 90% 以上。印度和斯里兰卡是世界上最大的红茶种植国和输出国。红茶按生产工艺分为工夫红茶、小种红茶、红碎茶三类,其中最著名的有祁门红茶(图 1-26)、滇红、金骏眉(图 1-27)等,主要产于云南、海南、广东、广西、四川、贵州等地。

红茶和黑茶

图 1-26　祁门红茶　　　　　　　图 1-27　金骏眉

 【阅读资料 1-2】

英式下午茶

根据有关英国茶的掌故,下午茶(图 1-28)这一神圣的习俗最早是由贝德福德公爵夫人发明的。公爵夫人为了缓和低血糖带来的不适,要求佣人下午 5 点时给她准备一份茶,外加面包、黄油和蛋糕。下午茶别名"5 点钟茶""小茶"(喝茶时有少量点心)、"茶几茶"(客人喝茶时多坐在带扶手的靠椅上,茶杯多放在低矮的边桌上),是英国上流社会极为重要的社交活动。人类学家西德尼·明兹记载:"在伦敦 8 月俱乐部喝下午茶的时代是英国社会历史上非常重要的一个时期。这些俱乐部是男性特权最后的庇护所。"

图1-28 英式下午茶

对于悠闲的女士而言,下午茶是聚会闲聊的极佳选择,也是展示家中华丽陈设和精美茶具的最佳时机。佣人的口信、不太正规的便笺都可以用来发出邀请,客人收到邀请后也无须确认答复,在茶会上来去自便。女主人负责倒茶,递茶的工作则由绅士(如果在家)或是主人家的女儿来完成。按照维多利亚时期的礼节,通常是先沏茶再加奶或炼乳,但后来这一顺序颠倒过来了。人们对加热或凉奶的喜好各不相同。下午茶的点心通常包括:没有硬皮的迷你三明治、烤饼、酥饼、水果蛋糕、姜饼、奶油小饼、薄脆小甜饼、蛋白杏仁饼等。

(节选自梅维恒(Victor H. Mair),郝也麟(Erling Hoh).茶的真实历史[M].北京:生活·读书·新知三联书店,2018.)

6. 黑茶

黑茶属于后发酵类茶,是制作紧压茶的原料。制作过程中将茶叶堆积发酵,使茶叶中的多酚类物质适度氧化,减少苦味。成品茶褐色发黑。按照加工方法及形状的不同,可分为散装黑茶和压制黑茶两类。著名的有普洱茶(图1-29)、老青茶。

除上述六大基本茶类外,其他常见的还有花茶、紧压茶及其他再加工茶类。

花茶:各种茶叶都可以制作成花茶,一般以烘青绿茶作为原料窨制茉莉花茶,烘青绿茶经精致加工成为烘青绿茶坯,而后再窨以茉莉香花制作而成。其他还有玫瑰花茶、桂花茶等。

紧压茶:便于运输和保存。根据茶类需求,干燥茶叶经适当加工处理,用蒸汽蒸软,而后压制成砖、饼、筒等形状,主销边疆少数民族地区。

图 1-29　普洱茶

速溶茶：果味茶、茶饮料等，是为满足不同消费需求而制作的。

配合茶：如八宝茶，把一种耐泡的茶叶配以其他七种有益于人体健康的营养或药用品配制而成。

【阅读资料 1-3】

名　茶

名茶，即知名度高的茶，应该是具有独特外形和优异品质、色香味俱佳的好茶。这种茶除拥有利于其生长的良好自然条件和精心采制加工外，往往还有一定的历史渊源和文化背景。

1. 名优绿茶

（1）西湖龙井。西湖龙井产于浙江杭州，以"色绿、香郁、味甘、形美"四绝著称于世。外形扁平光滑，汤色碧绿，兴起馥郁，以清明前采制的龙井为最佳。

（2）洞庭碧螺春。洞庭碧螺春产于江苏洞庭山，碧螺峰的茶品质最好。清代康熙年间，康熙皇帝品尝了这种汤色碧绿、卷曲如螺的名茶，对其倍加赞赏，于是题名"碧螺春"。从此碧螺春成为年年进贡的贡茶。

（3）黄山毛峰。由于新制茶叶白毫披身，芽尖峰芒，且鲜叶采自黄山高峰，遂将该茶取名为黄山毛峰。此茶形似雀舌，色泽绿中泛黄，汤色清碧微黄。

2. 名优红茶

（1）祁门红茶。祁门红茶产于安徽祁门县，与印度的大吉岭茶和斯里兰卡的乌巴茶并列为世界公认的三大高香茶。此茶外形条索紧结，色泽乌润（俗称"宝光"）；内质清芳并带有蜜糖香味，上品茶更蕴含着兰花香（号称"祁门香"），馥郁持久；汤色红艳明亮，滋味甘鲜醇厚，叶底（泡过的茶渣）红亮。

（2）滇红。滇红是云南红茶的统称，分为滇红工夫茶和滇红碎茶两种。滇红工夫茶芽叶肥壮,金毫显露,汤色红艳,香气高醇,滋味浓厚。滇红工夫茶于1939年在云南凤庆首先试制成功。

3. 名优乌龙茶

(1) 大红袍。大红袍是武夷岩茶中品质最优异的。武夷岩茶原产于福建的武夷山九龙窠高岩峭壁上,这种特殊的自然环境造就了大红袍的特异品质,大红袍茶树现有6株,都是灌木茶丛,叶质较厚,芽头微微泛红。大红袍外形条索紧结,色泽绿褐鲜润,冲泡后汤色橙黄明亮,叶片红绿相间,典型的叶片有绿叶红镶边的美感。

(2) 铁观音。铁观音原产于福建省安溪县,外观卷曲,色泽乌润,汤色黄绿,香气馥郁持久。铁观音曾多次获奖,被评为世界十大名茶之一。

4. 名优黄茶

君山银针产于湖南岳阳洞庭湖中的君山岛。其成品茶芽头茁壮,长短大小均匀,茶芽内面呈金黄色,外层白毫显露完整,而且包裹坚实,茶芽外形很像一根根银针,故得其名。君山茶历史悠久,唐代就已生产、出名。文成公主出嫁西藏时就曾选带了君山茶。后梁时已列为贡茶,以后历代相袭。

5. 名优白茶

白茶是我国茶类中的珍品,白毫银针,简称银针,又叫白毫,是白茶中的极品,同君山银针齐名于世。白毫银针是福建省特有的名茶,源自福鼎市,现在产地主要集中在福鼎、政和两地。白毫银针创制于1889年,是现代白茶的创始者。白毫银针的成品茶外观茶芽肥壮,形状似针,白毫批覆,色泽鲜白光润,闪烁如银,茶汤呈杏黄色,清澈晶亮,香气清鲜,入口毫香显露。

6. 名优黑茶

黑茶按照加工方法及形状不同,可分为散装黑茶和压制黑茶两类。散装黑茶中较具代表性的就是普洱茶。普洱茶是云南特有的地方名茶,加工过程中有一道泼水堆积发酵的特殊工艺,使得成茶有一股独特的陈香。普洱茶被称为美容茶、减肥茶和益寿茶。

7. 名优花茶

茉莉花茶是花茶中产销量最多的品种。此茶是用绿茶茶坯和茉莉花窨制而成的,以苏州所产品质最佳。

三、六大茶类的诞生过程

明朝初年,洪武皇帝(朱元璋)认为腊茶占用民力太多,遂下令禁止。此时,散叶绿茶已进入平常百姓家,制茶工艺也发生了很大变化。茶农多用炒青法,即用高温将新摘茶叶杀青,使其停止发酵,保存茶叶的新鲜和芳香。安徽松萝山的僧人发现,摈弃数百年一以贯之的蒸茶法,而代之以用铁锅炒茶杀青后,茶叶的色、香、味都有很大改观。

16世纪,松萝山僧人来到武夷,向当地人传授炒青技艺。但也有人认为松萝山的炒青技术仍有改进的余地。明朝文人张大复认为,松萝茶"有性而无韵"。武夷山的僧人在最初的茶的种植和制作中,通过不断观察和试验,逐步改进制茶工艺。僧人们发现,茶叶采摘后利用阳光晒青萎凋,再行翻摇揉捻,茶叶边缘会发生部分红变(绿叶红镶边),并开始散发茶叶的芳香,只要选择合适的时间烘焙,清香就尽在茶叶中。这是乌龙茶的雏形,也是全发酵后味道更浓的红茶的先导。

17世纪中叶,欧洲商人抵达中国商埠广州和厦门。当地民众以松萝绿茶和武夷茶款待他们。武夷茶多是半发酵的乌龙茶或全发酵的红茶。在福建方言中,武夷的发音和英文的"Bohea"相近,英国人遂以Bohea概称所有全发酵的红茶,后又以Bohea指称质量较次的红茶。英国东印度公司的茶叶督办萨缪尔·鲍在《中国茶的种植与制作记述》中记载:"采自武夷山区的茶叶未经处理,即以竹筐盛之,运往广州。茶叶会在广州烘焙、装箱。刚运到时,茶叶有一股发热的酸味,有的已经发酵,有的散发出肥皂似的味道。看来,茶叶已经经过了部分发酵,全发酵或许还算不上。"

不管怎样,饮茶之风逐渐在西方流行,欧洲人的嗜好最终转向了味道更浓的红茶。为此,中国的制茶工也开始尝试全发酵茶,茶叶最后都成了深褐的鼻烟颜色。出口到英国的上好红茶则被称为Pekoe,这个词来自中文白毫,指芽尖和嫩叶上的一层薄薄的绒毛,与制茶过程毫无关系。后来,在印度和锡兰精细的茶叶分级制度中,白毫成为基本词汇。

除了乌龙茶以外,明清两代还出现了不少别的珍稀茶种,但其基本的起源已无处可考。白茶的做法是将带有白色绒毛的芽尖嫩叶在太阳下炙烤。宋徽宗谓白茶应野外采摘,并视其为茶中极品。白茶产自福建,其上者称银针白毫、白牡丹和贡眉。银针白毫最早产自福建省福鼎,19世纪出口欧洲,当地人称其为"银芽白毫"。制作银针白毫时,采用的材料是春茶嫩梢萌发时的一芽一叶。茶芽均匀地薄摊在竹筛上,勿使重叠,置日光下晾晒,至八九成干,再用文火烘焙至足干。茶叶温度保持在30~40℃,若火太猛而茶叶翻炒太厚,则茶叶易焦灼变红,而火太文则茶易炒黑。

黄茶的发现过程实属偶然。明朝许次纾《茶疏》记载,霍山一带茶农制茶极为粗制滥造:"(霍山县)……彼山中不善制造,就于食铛大薪炒焙,未及出釜,业已焦枯,讵堪用哉。兼以竹造巨笱,乘热便贮,虽有绿枝紫笋,辄就萎黄,仅供下食,奚堪品斗。"黄茶的杀青工序和绿茶相似。采摘嫩芽和大叶后,无须萎凋,即入锅高温焙炒杀青。随后的闷黄工序是制作黄茶的关键。黄茶中的极品是君山银针,采自湖南洞庭湖中的小岛君山。制作时,茶叶经过杀青、初烘、摊凉后,用牛皮纸包好,置于箱内,放置40~48小时,随后进一步烘干与摊凉,再用牛皮纸包好,放置20小时后,最后一次烘干。颜色亮黄的茶叶用牛皮纸包好,贮于箱内,箱内以石膏铺底防潮。

百年来,人们精心研究茶树种植技术、修枝剪叶、沃肥培土,给予茶树的细心呵护远远超过了其他任何一种植物。专擅制作的茶工通过实践,掌握了使茶叶散发诱人芳香的秘诀,也熟悉了保证茶叶质量的做茶工艺。对于装入皮袋,用牦牛运到数千里外蕃藏地区的茶叶,就没有这么多讲究了。老叶细枝经过熏蒸后就被压制成茶砖,经过一路的发酵和细菌作用,茶叶到达拉萨时,已经变成了深褐色。这是著名的后发酵茶普洱砖茶的肇始。普洱砖茶以其有益消化和茶味醇酽而备受喜爱。

【阅读资料1-4】

茶马古道

茶马古道不仅是世界上地势最高、地理形态最为复杂的商业要道,更是中外文化交流、文明传播的通道。

千百年来,在横断山脉的崇山峻岭和金沙江的幽深峡谷之间,在川、滇、藏三省交会的"大三角"的原野丛林之中,盘曲延伸着一条神秘的古道。这条古道从四川的雅安出发,经飞仙关,过始阳,走天全,出禁门关,翻二郎山,过泸定,至康定,到西藏,然后进入尼泊尔。古道险窄幽深,斗折蛇形,曲曲折折,这就是与"丝绸之路"齐名天下的"茶马古道"。

自古藏族民族中就有"宁可三日无食,不可一日无茶"之说,而四川、云南又是我国茶叶的主产区,"天全边茶"享誉蜀中。天全是茶叶的盛产区,由于地理位置特殊,更与藏区康巴相邻,因而"茶马互市"交易更盛,至明代经商户达60余家。"天全边茶"产量达2.9万担。过天全县城,出禁门,便是二郎山系,是茶马古道的必经地,相对于年代更为古老、被历代衙府称为"官道"的经荥经、泥头、磨西至泸定、康定的"大路",此路俗称"小路",所背之茶也称"小路茶",无论大路、小路一样要路经此处,一样要翻越3200多米的马鞍山和5000多米的二郎山,因而二郎山南麓山脚有地名曰"两路"。

从天全禁门关至康巴路段,翻山越岭,地势陡险,骡马难以通行,只有人手脚并用方能攀援通行,于是造就了各地古道中仅此独有的风景奇观:人力背茶。背夫(图1-30)们相约十人、八人,每趟从茶商的库房里领取茶包,背往指定的地方。体力好的取20~25包,足有300~400斤。

图1-30 茶马古道上的背夫

> 背夫们领到手的茶包层叠摆好,用竹签串联固定,再以篾条编成背笼,套上双肩。背夫无论是谁皆自备食物,即玉米面和一小袋盐巴,仅此而已。胸前系着一个椭圆形的小篾圈,俗称"汗刷子",专用于刮汗,手里拄着一根丁字形的拐杖,拐尖镶有铁杵,俗称"拐耙子""墩拐子"。茶包一旦上背,沿途一般不得卸下歇息,待有平缓处,领头背夫(有地方称拐子师,也有地方称大背师)便审视路段和背夫负力情形,需歇一歇了,便扎下拐子,一声吆喝,示意大家找地方歇息。拐杖就是支架,茶包垫在拐子上,拐子扎在石头上,背夫们便都挺直腰背歇脚片刻。日久天长,古道上便留下了铁杵扎下的痕迹。甘溪坡上、紫石关旁那些茶路上密布的"拐子窝"至今仍在荒弃而覆满青苔的石板道上隐隐现现。

第三节 茶 艺

茶艺是泡茶的技艺和品茶的艺术,是一种高雅的生活艺术。中国茶艺历史源远流长,历来讲究茶、水、器、境、泡、饮各要素的选择组合,逐渐形成了丰富多彩且雅俗共赏的茶艺形式。前面已经介绍过茶具和茶叶,以下重点介绍茶叶的冲泡。

一、茶叶冲泡三要素

(一)茶水比例

要泡出好茶,掌握茶叶用量很关键。每次用量多少并无统一标准,主要根据茶叶种类、茶具大小、品饮者的饮用习惯而定。泡茶用量之多寡,关键要掌握茶与水容积的比例,茶多水少,味浓;茶少水多,味淡。一般来讲,红茶、绿茶、花茶、白茶、黄茶的茶水比例为1∶50(3克茶叶,150毫升水),乌龙茶的茶水比例为1∶22(紧结形乌龙茶投茶壶容积的1/3,松展形乌龙茶投茶壶容积的2/3)。

茶对水的要求

(二)水温

泡茶烧水,要大火急沸,不要文火慢煮。以刚煮沸起泡为宜,用软水煮沸泡茶,茶汤香味更佳。如水沸腾过久,即古人所称之"水老",溶于水中的二氧化碳挥发殆尽,茶叶的鲜活味丧失。

泡茶水温的掌握,主要依泡何种茶而定。绿茶,一般不能用100℃的沸水冲泡,以80~90℃水冲泡为宜(水到沸点后,再冷却至所要的温度)。茶叶越嫩绿,冲泡水温越低,这样茶汤才会鲜活明亮,滋味爽口,维生素C也较少破坏。在高温下,茶汤颜色较深,维生素C大量破坏,滋味较苦(茶中咖啡碱容易浸出),也就是说把茶叶"烫熟"了。

(三)时间

茶叶冲泡时间和次数差异很大,与茶叶种类、水温、茶叶用量、饮茶习惯等都有关系。据测试,冲泡第一次时,可溶性物质能浸出50%~55%;第二次能浸出30%左右;第三次能浸出10%；第四次则所剩无几。所以，就如人们常讲的："品茶，三个口，谓之品，一泡茶，冲三次即可。"水温的高低和茶用量的多寡，也连带影响冲泡时间的长短。水温高、用茶多，冲泡时间要短；反之，则冲泡时间要长。但是，最重要的是，以适合饮用者的口味为主。不同茶叶由于嫩度不同，冲泡时间也有很大的不同，乌龙茶和黑茶往往冲泡六次以上仍有余香。

二、泡茶的基本程序

（一）备具

根据所要冲泡的茶叶选择不同的器具，比如绿茶常选用玻璃杯，乌龙茶选用紫砂组合器具，花茶选用盖碗冲泡。

（二）赏茶

将要冲泡的茶叶准备好，让品饮者欣赏干茶的外形和色泽，嗅闻干茶香。

（三）温具

用热水冲淋茶壶，包括壶嘴、壶盖，同时烫淋茶杯。随即将茶壶、茶杯沥干。其目的是提高茶具温度，使茶叶冲泡后温度相对稳定，温度不会下降过快，这对较粗老茶叶的冲泡尤为重要。另外，通过热水冲洗，可以达到洁净茶具的目的。

（四）置茶

按茶壶或茶杯的大小，将准备好的茶叶适量投入茶壶或茶杯。

（五）温润泡

第一次注水入壶随即倒掉的过程称为"温润泡"。温润泡的用意在于使揉捻过的茶叶稍微舒展，以利于第一泡茶汤发挥出应有的色、香、味。由于温润泡时间短，茶叶本身的可溶物还来不及溶出，但揉成半球形或球形的茶叶却可借热水的冲力与热量慢慢展开。注水冲泡第一泡茶时，茶叶与水的接触面积增加，在1分钟（铁观音、高山茶为25～35秒）的泡茶时间内，茶叶可溶解出适量的成分，让第一泡茶口感更饱满、味道更完美。也有些说法认为第一泡茶水为洗茶用水，不应该饮用。

（六）冲泡

利用"凤凰三点头"或高冲低斟的手法再次将泡茶用水倒入壶中或杯中，使茶汤浓度均匀。

（七）斟茶

将茶汤均匀注入各杯，以七分满为宜。

三、基本茶艺

虽然茶叶的冲泡程序大多相似，但是不同的茶叶具有自己独特的冲泡方法，下面介绍一下简单的茶艺表演程序。

(一) 绿茶茶艺

普通绿茶一般选用青瓷杯或青花瓷盖碗。名优绿茶则选用无花纹玻璃杯,以便观赏杯中茶芽的优美形态和碧绿晶莹的茶汤。

(1) 焚香通灵——通过点香来营造祥和、肃穆的氛围。

(2) 鉴赏佳茗——观察干茶的外形、色泽,嗅闻干茶香。

(3) 预温玉杯——用开水再烫一遍本来就干净的玻璃杯,做到茶杯洁净,一尘不染。

(4) 玉壶含烟——玉壶含烟是把开水壶壶盖打开,使水温降至80℃左右。因为绿茶细嫩,若用滚烫的开水直接冲泡,会破坏茶芽中的维生素并造成熟汤失味。只宜用80℃的水。

(5) 仙茗入宫——用茶匙把茶叶投放到洁净的玻璃杯中。

(6) 甘露润茗——在开泡前先向杯中注入少许热水,起到润茶的作用。

(7) 凤凰三点头——冲泡绿茶时也讲究高冲水,在冲水时水壶有节奏地三起三落,就像凤凰向客人点头致意。

(8) 玉液奉客——把泡好的茶敬奉给客人,并行伸手礼(示意请用茶)。

(9) 细品佳茗——将杯中茶分三次慢慢饮下,细细品味。

(10) 收具谢客——泡茶完毕,将所用茶具收放原位。行鞠躬礼,退至后台。

(二) 乌龙茶茶艺

乌龙茶茶艺主要以工夫茶艺来表现,多用紫砂壶配合闻香杯、品茗杯来冲泡。

(1) 备器候用——将茶具备好,并依据泡茶时的需要按顺序合理地放置好。

乌龙茶茶艺

(2) 恭请上座——请品饮者或观赏者入座。

(3) 鉴赏佳茗——请来宾鉴赏干茶的外形和色泽。

(4) 活火煮泉——将用于泡茶的水烧开。

(5) 孟臣淋霖——用开水淋浇壶身,保持壶温,还可起到洁具的作用(孟臣即惠孟臣,是宜兴制紫砂壶名家)。

(6) 乌龙入宫——将乌龙茶茶叶从茶则中倒入壶内。

(7) 悬壶高冲——高冲利于激荡茶、水,将水冲至与壶口相平。

(8) 春风拂面——用壶盖推去壶口泡沫,将壶盖盖好。

(9) 涤尽凡尘——用开水再次淋浇壶身,继续保温。

(10) 玉杯展翅——将倒扣的闻香杯翻转过来,依次排列好。

(11) 游山玩水——将茶壶从茶船中提起,沿茶船边缘运行一圈,以避免斟茶时壶底余水滴入茶中。

(12) 关公巡城——将茶汤依序巡回多次低斟于紧挨着的杯中,以保证茶汤浓度均匀。

(13) 韩信点兵——壶中最后几滴茶汤是精华,也应点点滴滴分注杯中。

(14) 喜庆加冕——将品茗杯倒扣在闻香杯上。

(15) 倒转乾坤——食指和中指夹住闻香杯,拇指抵住品茗杯底,将品茗杯和闻香杯倒转过来。

(16) 敬奉香茗——将茶汤双手敬奉给客人。

(17) 斗转星移——将闻香杯从品茗杯中取出。

(18) 喜闻幽香——双手将茶杯移到鼻端前后或左右徐徐移动,嗅闻茶香。

(19) 三龙护鼎——用大拇指和食指轻轻扶着杯沿,中指顶着杯底,将茶杯从茶船中提起。

(20) 鉴赏汤色——观赏杯中茶汤的颜色和光泽。

(21) 细品佳茗——将杯中茶汤分三口吸饮,徐徐咽下。

(22) 重赏余韵——茶汤饮完后,将空杯置鼻端再次嗅闻凝附于杯底的余香。

(三) 花茶茶艺

冲泡花茶一般用彩色盖碗杯,其结构为一套三件头(茶碗、茶盖、茶托)。敞口式茶碗的口较大,便于注水和观察碗中茶景。反碟式的茶碗盖既可掩盖茶汤香气,又可用以拨动碗中浮在水面的茶叶和干花,以免使之饮入口中。茶托用于托放茶碗,使饮茶时不致烫手。

(1) 备具——准备好泡茶器具,并按泡茶的先后顺序摆放好。

(2) 温碗——将开水注入盖碗容积的1/3,然后将温碗的水倒入水盂中,其目的在于洁净、加温盖碗。

(3) 投茶——将花茶用茶匙置于茶荷中,再将茶荷中的花茶投入盖碗中。每碗投茶量为2~3克。

(4) 冲泡——按同一方向在每个盖碗中注入少许开水,以浸润碗中花茶(约10秒钟),然后再向碗中冲水至七八分满,随即加盖,不使香气散失(冲泡的水温为90~95℃)。

(5) 奉茶——双手连托端起盖碗,将泡好的茶依次送给客人,并面带微笑以伸手礼示意用茶。

(6) 品饮——花茶品饮以闻香尝味为主,即闻香、观色、啜饮。

(7) 收具——泡茶完毕,将所用茶具收放原位。行鞠躬礼,退至后台。

四、日本茶道

日本茶道虽然起源于中国,不及中国的历史悠久,但是发展至今,它也拥有了自己独特的民族色彩。日本人把茶道视为日本文化的结晶,也是日本文化的代表。它将日常生活与宗教、哲学、伦理、美学融为一体,是一门综合性很强的文化艺术活动。日本的茶道不是个人的茶,而是强调人与人之间的平等,人与社会、人与自然的和谐。陶冶人们的情操,培养人们的道德观和审美观。通过茶道使人们摆脱现实社会的制约,从内心得到共鸣。(参见视频——黑瓷茶具)

【阅读资料 1-5】

日本茶道的形成

唐朝：公元 805 年，日本僧人最澄从中国留学归国，带回了茶籽，种在了日吉神社附近，这里成为日本最古老的茶园。日本寺院与皇族关系密切，最澄将中国的煎茶艺传播到了宫廷，并在上层社会流行开来。日本开始种茶制茶，饮法上仿效中国当时的煎茶艺。

宋朝：南宋年间，日本僧人荣西禅师先后两次到浙江的天台山学习，除了研习中国的文化、佛法，还掌握了当时中国的种茶制茶技术，以及宋朝盛行的点茶艺。回国时，荣西禅师带走了大量经卷和茶籽。荣西禅师把茶籽种在了今佐贺一带的春振山及山寺拇尾高山寺周围。荣西禅师还应宇治市的要求，派寺里的僧人明惠上人将拇尾茶移栽到了宇治，开创了宇治茶的种植史。

荣西禅师写了著名的《吃茶养生记》，根据在中国的见闻，讲述了点茶之法，在日本影响深远。自荣西禅师归国后，饮茶之风在僧侣界、贵族、武士阶层十分盛行，茶园面积不断扩大，点茶艺是主流的饮茶法。

明清时期：日本高僧村田珠光将禅与茶结合起来，饮茶有了一定的仪轨，日本的茶文化由此上升到"道"，成为一种艺术、一种哲学，富含禅意。

千利休在村田珠光、武野绍鸥的基础上，将草庵茶进一步深化，使茶道摆脱了物的束缚，升华到清寂淡漠的层面。千利休是日本茶道的集大成者，对日本茶道的形成起到了重要作用。从此，日本以寺院、茶院为中心，将茶普及日本社会的各个阶层，日本很多地方种植茶园，出产了很多名茶。

（选自罗军.中国茶密码[M].北京：生活·读书·新知三联书店，2016.）

日本的茶道（图 1-31）要求严格，步骤烦琐，而且根据来宾身份、地位的不同或是季节的不同，室内装饰摆设也要有所改变。同时，主持人的动作要规范、流畅、到位，并且与音乐相融合，伴有节奏感，这样才能表示对来宾的尊重，体现了"和、敬"的精神。而日本某些有地位的家庭有专为品茶或举行茶会而建的茶室。大小以"榻榻米"四叠半为标准，面积大于四叠半的称作"广间"，面积小于四叠半的则称作"小间"。一般在茶室旁有一个"水屋"，用来准备和清洗茶具。茶具要保持清洁，同时品茶人的心情也要清静。泡茶时，茶室要求气氛怡静，茶人表情庄重，体现了"清、寂"的精神。总之，"和、敬、清、寂"就是希望人们在品茶时扫除心中的杂念，去享受茶室的宁静，好好地去饮一杯茶。

在日本茶道中，客人入座后，茶师就按规定点炭火、煮开水、冲茶或沏"抹茶"。泡茶过程中，有时会使用茶筅，搅和茶叶末起泡方可饮茶。客人在品茶时，要将茶碗放在胸前顺时针转两次，每次约 30°，然后开始品茶，每次一小口，不能一次喝完。品茶结束，右手指在品茶处稍稍擦拭，再逆时针转两次以还原。

日本茶道讲究之典雅，使用茶具之精，恐怕与茶道元祖中国相比也有过之而无不及。日

图 1-31　日本茶道

本茶道的严谨、复杂已经超出了品茶的范围，可以说是精神上的享受。然而，中日茶道也存在着相同之处，那就是茶道都体现着生命的生生不息，体现着生存的喜悦之意。因此，在茶室可以安放一些小物什，如插花或养鱼、养鸟。但不宜多放，以免破坏了茶室原有的纯朴之味。品茶时可以相约几个茶友，边品茶，边体味这些小物什的美好。但这些小生命即将凋谢之即，大家也可以相互交流，感悟生命的凄凉与衰败。通过友人之间互通心得，进一步感受对生命的无畏。

同样是品味生命的枯竭，日本茶道重在欣赏其死亡，而中国茶道则重在使我们更加珍惜生命、欣赏生命。中国的茶文化可谓在各个阶层都很普及。经历了几千年的历史，茶成为友人之间交流的媒介，成为人们生活的一部分。而日本的茶文化尚未到达全民化程度，但是日本的茶道却具有典型性，具有相当程度的民族特色。

【课后思考】

1. 根据茶叶的叶片颜色和形态，茶叶可分成哪几大类？代表茶叶有哪些？
2. 如何鉴别紫砂壶？
3. 茶叶与茶具如何搭配？
4. 如何冲泡乌龙茶和绿茶？
5. 中国茶艺与日本茶道的区别是什么？

【项目作业】

1. 去茶叶市场考察茶叶的种类、品质、价位，完成考察分析报告。
2. 练习冲泡绿茶、乌龙茶。

第二章

酒·酒具

对于某些人来说,酒杯只是盛酒的器皿而已。然而对另一些人来说,酒杯就不仅仅是容器那么简单。品酒的乐趣不是去寻找那种醉意,而是在于仔细分辨不同酒留在鼻腔内和舌头上感觉的细微差别。可以这样说,酒是上帝送给人类鼻子和舌头的玩具,品酒是嗅觉和味觉的游戏。就像下棋有时需要一张好的棋盘,进行这个游戏也需要一些基本的装备。

【课前导入】

醴铎

奥地利醴铎(Riedel)是世界上最专业,同时也是最负盛名的酒杯和醒酒器(Decanter)专业制造厂,被认为是最顶尖、最专业的酒杯品牌,被誉为"酒杯里的劳斯莱斯"。醴铎的设计者认为:

在视觉上,醴铎清澈透明的外观及独特的造型设计可以充分展现出葡萄酒亮丽的颜色。

在触觉上,醴铎拥有细致的高脚、杯座及轻薄的杯壁,让使用者感受其独到的平衡性和不同于其他酒杯的轻盈、灵巧。

在嗅觉上,旋转晃动醴铎酒杯中的酒,使其与空气充分接触散发出诱人的香气。

在听觉上,它的敲击声优美、清亮、悠远,余音绕梁。

在味觉上,由于醴铎针对不同葡萄品种设计出不同形状的酒杯,可以引导酒液流向舌头上最适当的味觉感应区,让酒的不同组成部分元素达到一种微妙的平衡及协调。

为了鉴赏不同葡萄品种酿制的各种不同的酒的绝妙个性与风味,拥有一个可以完美契合酒质的酒杯是绝对必要的。酒杯的形状可以决定酒的流向及酒的香味和醇度。

酒杯的造型、容量、杯口的直径、杯缘吹制的处理及杯壁的厚度,决定了酒入口时的最先接触点;当使用者把酒杯推向嘴唇时,味蕾开始全面警戒;当酒的流向被引导至最适当的味觉感应区时,也激发出了不同的味道。当使用者的舌头开始与酒接触时,立即会有三种信息被释放出来,那就是温度、质感及酒的风味。

【教学目标】

1. 知识目标

(1) 掌握酒瓶形状与酒质之间的关系。

(2) 掌握葡萄酒杯对酒的味道产生影响的原因。

(3) 掌握波尔多酒杯与勃艮第酒杯分别适合盛装的葡萄酒。

(4) 熟悉常见的白兰地品牌。

2. 能力目标

(1) 能够选择正确的酒杯对葡萄酒进行品评。

(2) 能够鉴别葡萄酒杯的品牌和种类。

【教学重点】

波尔多酒杯与勃艮第酒杯分别适合盛装的葡萄酒。

【教学难点】

葡萄酒杯对酒的味道产生影响的原因。

第一节　葡萄酒瓶与酒塞

一、葡萄酒瓶

（一）葡萄酒瓶的历史

现在被奉为经典的大部分葡萄酒都是在17世纪后半叶才发展起来的，这并非巧合。如果不是玻璃酒瓶的及时发明，这些发展都不可能成功。自从罗马时期开始，葡萄酒一直都盛装在橡木桶里，酒瓶（或者应该说是罐子，图2-1）通常都是用陶土或皮革制成，而且一般都只是用来将葡萄酒盛上桌。一直到17世纪初，玻璃制造技术有了一些改变，玻璃瓶变得更加坚固，吹制的成本也比较低。大约与此同时，软木塞和开瓶器也开始出现，和玻璃瓶组合在一起。

葡萄酒瓶

图2-1　公元前3000年至公元100年葡萄酒容器的变迁

图片来源：休·约翰逊，杰西斯·罗宾逊. 世界葡萄酒地图[M]. 6版. 北京：中信出版社，2010.

渐渐地，葡萄酒就被保存在以软木塞封紧的玻璃瓶内，而且比放在橡木桶中保得更久（橡木桶通常只要一开桶，葡萄酒就会很快变质）；而葡萄酒装在玻璃瓶里的成熟结果也跟着不同，会散发出成熟的陈年香气，耐久存的葡萄酒就此产生。从此，可以久存的葡萄酒就有机会可以卖出原来2～3倍的价格。

因玻璃瓶问世而受惠最多的葡萄酒是英国人从17世纪末就开始喝的浓烈波特酒（Port）。由于和法国几乎没有停止过的战争，当时英国人所偏好的法国酒被课以极高的税金，所以他们别无选择。一开始他们对波特酒也有些疑虑，但随着时间的流逝，波特酒逐渐变老之后，评价就急剧提升了。从图2-2可以看出一个世纪以来波特酒瓶形状的变化。

图 2-2　波特酒瓶的演变

注：在 1708 年时，波特酒还是用大肚瓶盛装。到 1793 年，所使用的瓶型已经很接近现代波特瓶的比例。由于发现装瓶的葡萄酒在保存之后变得更佳，就将葡萄酒瓶设计成可以平躺的瓶型，也让单一年份葡萄酒得以出现。

图片来源：休·约翰逊，杰西斯·罗宾逊. 世界葡萄酒地图[M]. 6 版. 北京：中信出版社，2010.

（二）葡萄酒瓶的形状与颜色

葡萄酒瓶的形状正在变得丰富多彩（图 2-3），但对酒瓶形状和颜色影响最大的仍是其产地及瓶内葡萄酒的种类。最常见的两种酒瓶是典型的勃艮第形状和波尔多形状的酒瓶。如见到采用这两种类型酒瓶的酒，则说明该酒的风格与典型的勃艮第或波尔多葡萄酒风格类似。葡萄酒瓶的颜色通常有绿色、棕色和无色三种。大部分的红葡萄酒会用绿色的酒瓶来盛放；波特酒一类的加香型葡萄酒会采用深棕色酒瓶；而无色的酒瓶适合盛放白葡萄酒和玫瑰红葡萄酒。

图 2-3　法国各产区葡萄酒所用瓶

另外，有沉淀的葡萄酒选择有肩部（shoulder）的酒瓶，无沉淀的葡萄酒用流线型的酒瓶。下面是几种典型的瓶型。

（1）波尔多型（波尔多产区）：这种类型的酒瓶瓶肩宽挺，便于过滤酒中的沉淀。暗绿色的酒瓶装红酒，淡绿色的酒瓶装不甜的白葡萄酒，无色透明的酒瓶装甜的白葡萄酒。这种酒瓶被昵称为"英格利·褒曼"。

（2）勃艮第型（勃艮第（Bourgogne）产区）：这种类型的酒瓶瓶肩平滑，从瓶颈到瓶身逐渐膨胀，主要是淡绿色系。这种酒瓶被昵称为"玛丽莲·梦露"。

（3）香槟地区型（香槟产区）：与勃艮第型类似，但由于要承受碳酸气体的压力，所以酒瓶的玻璃厚重，颜色大多数是以暗绿色为主。

（4）阿尔萨斯型（阿尔萨斯产区）：属于细长轻巧型，较浅的暗绿色。

（5）普罗旺斯型（普罗旺斯产区）：酒瓶中央变细成蜂腰形。

（三）葡萄酒瓶的重量

酒瓶的重量因葡萄酒品质比例不同而有所不同，日常餐用酒的酒瓶约400克，波尔多葡萄酒酒瓶平均是550克，勃艮第的高级葡萄酒酒瓶约700克。这种比例是世界一致的，因为酒瓶越重，越能显出厚重感，也越能让人感受到葡萄酒的品质之优良。

（四）葡萄酒瓶的使用——葡萄酒的储存与保管

葡萄酒是有生命的酒，全世界有3/4的葡萄酒在装瓶后2～3年内要被喝掉，唯有著名的法国波尔多地区所生产的上佳年份的红酒装瓶初期是不好喝的，必须陈10年以上才臻于成熟。另外，法国勃艮第红酒、意大利红酒、德国白酒及美国加利福尼亚州的优质红酒等都需在瓶内储存几年才会成熟、完美。质量一般的酒品装瓶后几个月内可保持其质量，储存几年后，则颜色变深，口味变淡。

葡萄酒的储存与保管

因此，在储存与保管葡萄酒（图2-4）时，需要注意以下几个方面。

（1）要存放在阴凉的地方，勿使温度忽高忽低，最好保持在10～13℃的恒温状态下。因为温度过低会使葡萄酒的成熟过程停止，温度太高又会加快其成熟速度，缩短酒的寿命。

（2）保持一定的湿度。如果空气过分干燥，酒瓶的软木塞会干缩，空气进入瓶内会使酒质变坏。所以，存放在酒窖或酒柜内的葡萄酒多是将酒瓶平放或倒立，以使酒液浸润软木

图2-4 葡萄酒的储存

塞,防止干缩。

(3) 避免强光照射。阳光直射会使白葡萄酒颜色变黄,因此,通常用深棕色或绿色瓶储存。另外,储存葡萄酒的酒窖应使用灯泡照明,不用时关闭。

(4) 勿将酒与油漆、汽油、醋、蔬菜等一起存放,因为这些物品的气味很容易被葡萄酒吸收,破坏酒香。

(5) 避免震动,防止酒液浑浊,损坏酒的质量。

(五) 葡萄酒瓶的其他知识

(1) 为什么瓶口有层塑料封套(图 2-5)?

这是为了防止虫子咬软木塞。有时封套上留有小孔是为了葡萄酒能与外界交换空气,主要用于浅龄酒。

(2) 为什么瓶底有凹凸(图 2-6)?

这是为了葡萄酒瓶直立时能沉淀酒渣。越需要长时间储存的葡萄酒,凹凸越深。所以,一般来讲,好酒因需要长期保存,瓶底凹凸都比较深,但瓶底凹凸深的酒不一定是好酒。

图 2-5　葡萄酒瓶口封套　　　　　　　图 2-6　葡萄酒瓶底

二、酒塞

开启一瓶葡萄酒后,不少人常常会不经意地将瓶塞扔了,殊不知瓶塞的品种和质量直接影响葡萄酒的香气与口感。研究证明,用不同瓶塞保存的葡萄酒在 6 个月后会表现出风味上的差异,有的酿酒师甚至认为酒塞对风味的影响更明显。

葡萄酒塞

(一) 传统势力——软木塞

最常见的瓶塞当然是传统的软木塞(图 2-7)。相传,希腊人在公元前 500 年就已经用木塞来密封酒罐。用以制作瓶塞的栓皮栎树龄可能高达 170 年左右,主要生长在地中海西岸的西班牙和葡萄牙。太年轻的栓皮栎无法用来制作酒塞,必须等它长到 20～25 岁时树皮才能第一次被采割来制作葡萄酒塞,之后每 9 年采割一次。从 5 月下旬开始是收割的季节,两名身强力壮的工人从同一棵树上熟练地砍下大块树皮(图 2-8)。他们动作小心翼翼,以免伤害到树木的筋骨,并且至少留下 35% 的树皮来覆盖树干。离开之前还要在树干上写下下次收割的年份。刚收割下的树皮不能马上使用,要经过 6 个月的晾晒去水、蒸煮消毒、再风干等复杂的工艺才能最终制成一个合格的瓶塞。如此苛刻的生长环境、冗长的周期和复杂的工艺，使得瓶塞并不比瓶中的葡萄酒来得容易。

图 2-7　软木塞　　　　　　　　图 2-8　用以制作软木塞的栓皮栎树皮

虽然软木塞制造起来如此耗力，并且价格不菲，但仍有很多人热衷于它（图 2-9），原因就在于：首先，软木有很好的弹性，可以在酒瓶开启后反复使用；其次，软木材质中的细小缝隙可以使微量的空气进入酒瓶，保证葡萄酒在瓶中质量稳定且渐渐变得醇厚、芳香。软木塞有着不俗的表现，但也存在致命的弱点。罪魁祸首就是一种叫 TCA（2,4,6—三氯苯甲醚）的化学物质。据统计，有 5%～8.2% 的葡萄酒都受此物质污染。TCA 存在于软木树皮里，所以很难被彻底清除，但是一些高科技的手段和严格的质量控制已经被证明可以有效地降低其污染瓶塞的概率。

图 2-9　香槟软木塞（左）、一般软木塞（中）、重组胶合软木塞（右）

（二）新生代——螺旋瓶盖

当软木塞的厂商对他们一统天下的市场沾沾自喜的时候，一场具有颠覆意义的革命正在悄悄酝酿。20 世纪 70 年代，一种叫"Stelvin"的螺旋瓶盖（图 2-10）面世。当时，瑞士的 Chasselas 白葡萄酒风格淡雅，最怕遇到被 TCA 污染的软木塞。用铝外壳和聚合物内层制成的螺旋瓶盖轻而易举地解决了这个难题。继瑞士之后，澳大利亚和新西兰的酒商们也纷纷给他们的葡萄酒换上了新款瓶塞。开始只有白葡萄酒用这款新瓶盖，渐渐地酒商们开始将此项技术运用到红葡萄酒上。和酒商一样，葡萄酒零售商们也开始尝试这种没有 TCA

烦恼的新瓶盖。2002年,英国的 Tesco 最先把 30 款螺旋瓶盖密封的葡萄酒摆上了货架。另一家零售商 Sainsbury 在要求一家法国莎当妮(Chardonnay)厂商将软木塞换成新型瓶塞后,发现顾客的投诉率降低了 90%。

图 2-10　螺旋瓶盖

但有人怀疑密不透风的螺旋瓶盖会因为盖得太紧而使葡萄酒容易产生类似臭鸡蛋的衰败味,这种衰败味来自葡萄酒发酵过程中自然产生和人为加入用来抗氧化的硫化物。密不透风的螺旋瓶盖使葡萄酒和外界空气完全隔离,在这样的环境中,葡萄酒里残余的硫化物会产生令人讨厌的味道。其实,用软木塞封瓶的葡萄酒也有同样的危险,但是从栓皮栎天然缝隙中渗入的微量空气就像一层保护膜,阻止了硫化物的衰败。也许是因为螺旋瓶盖厂商不愿承认软木塞的优势,人们对葡萄酒衰败味的了解还很少,所以市场上也没有具有微渗透功能的螺旋瓶盖。澳大利亚葡萄酒研究机构 AWRI 的另一份报告显示,衰败味最容易产生于装瓶后的 12~18 个月。所以,在选购螺旋瓶盖的葡萄酒时,一定要注意其装瓶时间,千万不要把好酒忘记在角落里而错过了最佳饮用时间。

第二节　葡 萄 酒 杯

一、葡萄酒杯的历史

人们很早以前就用杯子饮酒了,然而直到 18 世纪中叶才开始用玻璃瓶和玻璃杯。大约在 1750 年,一些有钱人开始用波希米亚和威尼斯透明玻璃杯饮酒,而那时在中产阶级家庭或高档酒馆里,人们是用平底大口杯或上彩釉的陶瓷杯。在一些小酒馆,人们则用锡杯或小碗喝酒。

18 世纪末,人们在英格兰发现了水晶玻璃。1820 年,法国的巴卡拉生产了含 24% 铅的水晶玻璃。19 世纪中叶,人们开始用透明玻璃杯品评葡萄酒。使用透明玻璃杯作为品酒工具,能使人的感觉器官对里面的酒更敏感,使人的感觉在最好的条件下经受锻炼,满足眼、鼻、口、舌的需要。

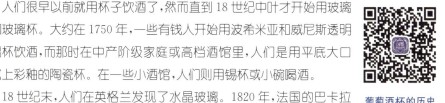

葡萄酒杯的历史

【阅读资料2-1】

水 晶 杯

在传统的定义中,含氧化铅超过24‰的玻璃叫"水晶",没超过24‰的玻璃叫"水晶玻璃",而氧化铅含量更低的就是一般"玻璃"。

用水或酒浸湿食指,再用食指按住水晶杯(图2-11)的杯口,均匀擦杯口5圈,然后食指离开,即可产生美妙的音乐共鸣,持续5~6分钟,如果是玩杯熟练,共鸣时还会伴5个音律。期间把酒倒入,红酒液面会因共振而跳起红色的液珠,非常美观。调节手指接触杯口的面积或部位可以进行调音,通过改变杯中的酒量、杯子的大小也可以进行调音。

水晶杯表面的凹凸要比玻璃多,因此挂杯效果更好,用来装香槟酒的时候,气泡的表现会更出色,同时杯壁上的小凹凸能更持久地留住这些泡沫,这正是香槟酒的灵魂所在。碰杯时发出的"嗡……嗡……"的回声绝对悦耳。所以说,除了用眼睛和嘴,葡萄酒甚至可以用耳朵来欣赏。

图2-11 各种形状的水晶杯

水晶杯要保持晶莹剔透,就要经常清洗。清洗时,不要把它们突然浸泡在高温或低温的水中。不要把洗好的平底水晶杯叠在一起,以免杯子受压而破裂。水洗水晶杯时,既不能用机器洗,也不能用清洁布擦洗,用手清洗是最好的方法。注意不要抓住酒杯的脚柄去甩干或清洗,因为柄柱容易在用力的情况下断裂。

正确清洗水晶杯的步骤如下。

(1) 先洗手,以减少手上的油脂,再用温水手洗酒杯,不必使用洗涤剂。

(2) 用流水冲洗,再倒置于亚麻布或纯棉布上晾干。

(3) 为了使杯子更光洁,可以使用蒸气,家用水晶杯可用呵气代替。

(4) 晾干后,用两块亚麻布擦拭。擦拭杯底时应双手同时握住杯底。

(5) 擦拭杯内和杯外壁时应一手托住杯底,一手伸进杯内擦拭。

注意:绝对不要用力拧擦水晶杯。

二、酒杯对葡萄酒味道的影响

众所周知,盛装葡萄酒的杯子是高脚杯。之所以要用高脚杯,主要是基于以下三点。

酒杯对葡萄酒味道的影响

第一,杯脚高,方便手捏住杯脚,从而避免抓杯身,加热杯中的酒,改变酒的原始状态。

第二,杯肚宽,可以扩大酒液的表面积,充分散发酒香。

第三,杯口收,可以聚拢酒液的香气,防止酒香很快地散失到空气中。

除此之外,虽然都是高脚杯,但葡萄酒杯身形状上的差异却很大(图 2-12)。这些形状各异的杯子的出现不是简单的对传统的承袭,而是确有科学依据的。不同的杯子对酒的香气与口味的影响都很明显,即使刚刚开始喝酒的人都能体会到。

图 2-12 各种形状的葡萄酒杯

注:黑杆所有杯型,从左到右分别是西拉杯、波尔多杯、雷司令杯、蒙哈榭杯、香槟杯、勃艮第杯。

从嗅觉上讲,不同种类的酒杯,酒液的容积和表面积之比不同,酒中芳香成分的挥发程度也就大不一样。如果酒杯的杯身太高,酒液表面离鼻腔入远,或者酒杯的喇叭口太大,易吸入外面的空气,那么杯中的香气就比较弱;如果用半球形的酒杯,杯身短,鼻腔能更贴近酒液表面,香气虽易被发觉,但开口过大则容易吸入外面的空气。只有选择杯体和杯身高度适中、大肚收口、倒入的酒量在杯中的表面积最大的酒杯,才能令香气成分的挥发强度最大。

从味觉上讲,酒杯的形状之所以会对酒的味道产生影响,这和舌头的味蕾分布有直接的关系。酒杯虽然不会改变酒的本质,但是通过合适的杯形的引导,酒液可以流向舌头上最适宜的味觉区(舌头上有 4 个味觉区,舌尖对甜味敏感,舌头后面对苦味敏感,舌头的内侧对酸度敏感,而外侧对咸度敏感,如图 2-13 所示),从而得到最高的味觉享受。而不同葡萄品种及不同酒类,其香气、果味、酸度、单宁及酒精度的特质各有不同,这些特质又会受到酒杯形状的影响。

举例来说,以法国勃艮第区的红酒而言,因主要品种黑皮诺(Pinot Noir)的酸度较高,使

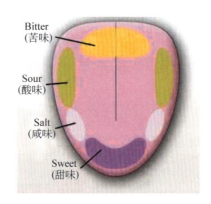

图 2-13　舌头的味蕾分布

用杯肚开阔宽广、杯口收缩的勃艮第酒杯,可使酒液先流过舌尖的甜味区,凸显果味,以平衡原本较高的酸度;至于波尔多(Bordeaux)区的赤霞珠(Cabernet Sauvignon)品种,由于在口感上果味较重、酸度较低,所以使用相对略修长高深的波尔多酒杯,可以令酒液先流向舌头中间、再向四方流散,使果味、酸味相互融合,达到均匀、和谐的完美加分境界;莎当妮(Chardonnay)酒体强劲,酒精含量高,果酸低,酒质醇厚,选用杯口较大的酒杯,喝酒时需要微微低头,酒汁入口时先流向舌头中部,然后向四面散开,梨、杨桃、柑橘、香草等热带水果味依次出来,口感丰富。

【阅读资料 2-2】

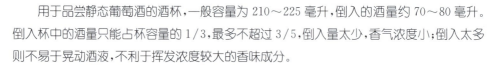

常见的葡萄品种

红葡萄:

(1) 赤霞珠果味重、酸度低,至少要经过 10 年以上的陈酿。

(2) 品丽珠(Cabernet Franc)赤霞珠的近亲,习性相近。

(3) 黑皮诺酸度较高,有类似紫罗兰、玫瑰、草莓及樱桃的香气。

(4) 梅洛(Merlot)酸度较低。

白葡萄:

(1) 莎当妮酒体强劲,酒精含量高、果酸低、酒质醇厚。

(2) 雷司令(Riesling)酒精含量略低,酸度较高,有果实清香和花的芳香。

(3) 白颂维翁(Sauvignon Blanc)酸度较高,酒体清淡,通常呈干性,有药草的气息。

葡萄品种

用于品尝静态葡萄酒的酒杯,一般容量为 210～225 毫升,倒入的酒量约 70～80 毫升。倒入杯中的酒量只能占杯容量的 1/3,最多不超过 3/5,倒入量太少,香气浓度小;倒入太多则不易于晃动酒液,不利于挥发浓度较大的香味成分。

红酒杯:红酒杯一定要大,是因为通常红酒更需要在与空气的接触中慢慢苏醒,有时候甚至需要提前开瓶,在醒酒器中醒几个小时。

白酒杯：白酒杯应该比红酒杯小一些，因为它们的香味通常一开始就会散发出来，不再需要在酒杯里专门"挥发"。

三、世界著名葡萄酒杯品牌

（一）醴铎

醴铎（Riedel）是世界上最负盛名的专业酒杯制造厂。公元1756年，醴铎家族在奥地利创立了他们的第一座工厂，距今已有250余年的历史。每年醴铎生产超过100万只的人工吹制水晶杯和300万只以上的机器吹制水晶杯。可以说，有葡萄酒爱好者的地方，就有醴铎酒杯（图2-14）。

酒杯品牌

图2-14　醴铎酒杯

醴铎酒具能拥有众多的葡萄酒爱好者拥趸，并不是由于它拥有化腐朽为神奇的力量，而是其拥有还神奇于真实的本领。醴铎家族的第九代传人Claus Riedel是历史上第一位发觉酒杯形状对品味酒精饮料的重要影响的人。他的研究工作深深影响也彻底改变了酒杯的风貌。30多年前他所发布的杰作Sommeliers系列，是全球首创以葡萄酒特性为设计基础的酒杯系列，同时在造型上的精美绝伦令多家博物馆对醴铎的作品趋之若鹜，纷纷陈列展出，如纽约现代美术馆至今仍将醴铎的作品列为永久馆藏展示。

醴铎酒具所有系列中最精致、也是制作难度最大的莫过于Sommeliers系列手工水晶杯，每只杯子都由数个技师合作方可完成。五个技师为一组，吹杯技师和他的助手负责吹制杯体及杯茎上半部分，高级制杯师和他的两个助手负责杯茎及杯底的制作。整个手工制杯过程中，大师只是徒手和使用简单的工具。长时间精益求精的训练、扎实的技术、过人的眼力、和谐的手眼配合是完成制杯工作的必要条件。操作流程平稳而娴熟，在炽热的熔炉前观看杯子的制作就像欣赏芭蕾舞剧一样。每一步的动作都精确无误，富有韵律。

1. Sommeliers手工精制水晶高脚葡萄酒杯

Sommeliers手工精制水晶高脚葡萄酒杯（图2-15）毋庸置疑是水晶杯中最精致的一类。水晶制造工艺师们一直沿袭几千年的制造工艺，自1973年以来，Sommeliers手工精制水晶高脚葡萄酒杯代表了艺术与科技的结晶。正如其精美外观一样，Sommeliers手工精制水晶高脚葡萄酒杯同样具有出色的功效，每只酒杯都为展现特定葡萄品种的无限魅力而设计制造，同时这也是醴铎制造每种酒杯的基本理念。

2. Grape 机制精制水晶葡萄酒杯

Grape(酒神系列)采用最新的机械吹杯工艺,与无缝接口工艺相结合,为其设计提供了独特的元素,使杯底呈现凹痕,能够反射光线并以新的角度为葡萄酒增添一抹生动的色彩(图 2-16)。

图 2-15　Sommeliers 手工精制水晶高脚葡萄酒杯　　图 2-16　Grape 机制精制水晶葡萄酒杯

3. Vinum 机制精制水晶葡萄酒杯

融合了 Sommeliers 手工精制水晶高脚葡萄酒杯设计理念的精髓及机制的实用性,醴铎第十代传人 Georg Riedel 设计的 Vinum 机制精制水晶葡萄酒杯(图 2-17)品质卓越,效果出色,且价格易于接受,适合日常生活经常性使用。Vinum 机制精制水晶葡萄酒杯对人们鉴赏葡萄酒产生了深远的影响。

4. Wine 精制玻璃葡萄酒杯

有人认为对于布置精美的餐桌,普通的玻璃杯是极不美观的,Wine 精制玻璃葡萄酒杯(图 2-18)正是为他们而设计的。它将装饰精美、可折射出流光溢彩的高脚与最受欢迎的 Vinum 机制精致水晶葡萄酒杯的杯体完美结合在一起,同时融合了醴铎的理念,使人们得到了与水晶杯同样的效果而价位却更为低廉的玻璃酒杯。

图 2-17　Vinum 机制精制水晶葡萄酒杯　　图 2-18　Wine 精制玻璃葡萄酒杯

5. "O"系列平底葡萄酒杯

Maximilian Riedel(第十一代传人)推出了他设计的第一套酒杯(图 2-19)。"O"形酒杯设计理念是基于醴铎 Vinum 系列的标准,不过这套新系列的酒杯既没有杯腿也没有底座。酒杯刚刚上市的时候被当作一个笑话,而事实证明这一颠覆传统的作品不但不会影响品酒效果,而且更适合现代人的生活方式,对于那些热衷优雅、简约的人,此系列酒杯无疑是成功力作。

除了针对不同葡萄酒设计的酒杯,醴铎家族也为不同的葡萄酒设计了适合它们的醒酒器(图 2-20)。这些实用的艺术品,有专门为陈年老酒设计的形体纤细、接触空气少的醒酒器,也有身材圆润、接触空气多、为增强新酒活力而准备的醒酒器,还有为白葡萄酒设计的尺寸适合冰箱门的饮料格,可以进行短时降温。

图 2-19 "O"系列平底葡萄酒杯

图 2-20 Riedel Black Tie 醒酒器

(二)肖特圣维莎

肖特圣维莎是德国赫赫有名的专业玻璃与水晶集团,旗下分为以机器吹制杯品为主的 Schott Zwiesel(图 2-21),以及以手工吹制杯品为主的 Zwiesel 1872 两大品牌。产品的最大特色在于杯壁轻薄、表面透明光滑且质地坚固耐用。尤其号称配方中含有一种独特的氧化钛成分,使玻璃本身特别有韧性,据说即使连最精细的手工吹制杯品,也经得起洗碗机的洗涤,与一般公认需得小心呵护以免破损的醴铎形成鲜明对照。最知名、杯型品相最齐全的分别为 Zwiesel 1872 旗下的 Enoteca 和 Schott Zwiesel 旗下的 Diva 两系列。比如 Enoteca 的红酒杯就分为法国勃艮第与勃艮第特级园、波尔多一级酒庄、博若莱、意大利基安蒂、西班

图 2-21 Schott Zwiesel 酒杯

牙里奥哈等不同产区使用的杯型。而 Diva 也不遑多让，法国波尔多与勃艮第两大产地也一样各有两只杯子。不管在耐用度还是专业度上，这些产品都颇受各方酒鬼们的肯定。

（三）诗杯客乐

诗杯客乐（Spiegelau）成立于 1521 年，位于德国水晶重镇帕绍（Passau），也是极具知名度的水晶品牌（图 2-22）。据传其原本为醴铎的 OEM 厂商，所推出的酒杯形制一般认为与醴铎极为相似，且价格相对便宜许多，故而颇受入门级酒客的青睐。旗下商品分为手工吹制与机器吹制两个项目，项下再细分为多个系列，手工吹制部分以 Grand Palais 系列款式较多；机器吹制方面则以 Vino Grande 系列较为完整，不仅有勃艮第、波尔多、基安蒂等产地区分，甚至还推出较年轻的白酒，以及 Magnum 大瓶装红酒专用的杯子，十分有趣。

图 2-22 诗杯客乐商标（左）及酒杯（右）

（四）巴卡拉

巴卡拉（Baccarat）创立于 1764 年的 Baccarat，是法国极著名的皇室御用级水晶品牌（图 2-23），包括法国、英国、俄国、印度皇室都是此品牌的拥护者。旗下产品包罗万象，从家具、首饰、家饰，到餐具酒器都囊括在内。而由法国品酒专家 Bruno Quenioux 所设计的 Oenologie 系列，延续了 Baccarat 水晶的晶莹澄澈、精工打造的特质，格外散发着几分贵族气息。系列中，酒杯部分共包含勃艮第红酒杯、波尔多红酒杯、罗纳河谷杯、卢瓦尔河谷杯、白酒杯、香槟杯、顶级勃艮第杯、顶级波尔多杯、干邑白兰地杯、啤酒杯、大啤酒杯共 11 只形制不同的酒杯。

图 2-23 巴卡拉商标（左）及酒杯（右）

四、葡萄酒的使用——品酒（以红酒为例）

（一）酒温——冰镇后红酒味道较涩

传统上，饮用红酒的温度是在室温 18～21℃。在这种温度下，各种年份的红酒都在最佳状态下。一瓶经过冰镇的红酒比清凉室温下的红酒的单宁特性会更为显著，因而味道较涩。葡萄酒的最佳饮用温度还应考虑外界温度：外界温度越高，葡萄酒的饮用温度就应越低。将葡萄酒倒入酒杯后，葡萄酒的升温也很快。例如，在环境温度为 25℃ 的条件下，8℃ 的葡萄酒会在 20 分钟左右的时间里升至 13℃。

葡萄酒的最佳饮用温度如表 2-1 所示。

葡萄酒杯的使用-品酒

表 2-1 葡萄酒的最佳饮用温度

葡萄酒类型	饮用温度(℃)	葡萄酒类型	饮用温度(℃)
干白葡萄酒	8～10	半干红葡萄酒	16～18
半干白葡萄酒	8～12	半甜、甜型红葡萄酒	14～16
半甜、甜白葡萄酒	10～12	起泡葡萄酒	10 以下
干红葡萄酒	16～22		

【阅读资料 2-3】

> 单宁是 Tannin 一词的音译，指的是单宁酸、鞣酸，制皮革时用来使牛羊皮变柔软的一种物质。单宁大量存在于树皮里，是类似青生柿子里那种涩涩的东西。葡萄本身也含有单宁，尤其是皮和籽，所以葡萄酒都含有单宁。做红酒的葡萄原料单宁含量高，加之采用浸渍发酵工艺，因此红酒单宁含量很高。单宁是构成红酒色、香、味的重要成分，在酿造过程中会有大量单宁自然消失。橡木也会给葡萄酒带来一些单宁。白葡萄酒的单宁含量很低。葡萄酒行业里将单宁和色素一起叫多酚物质，其含量和质量是评价红酒质量的重要因素之一。
>
> 根据含糖量的不同，葡萄酒可分为以下几种。
>
> （1）干葡萄酒。酒中的含糖量小于 4 克/升，由于其他成分对感官的刺激，一般尝不出甜味。
>
> （2）半干葡萄酒。酒中的含糖量为 4～12 克/升，在品尝时能辨别出微弱的甜味。
>
> （3）半甜葡萄酒。酒中的含糖量为 12～50 克/升，具有明显的甜味。
>
> （4）甜葡萄酒。酒中的含糖量大于 50 克/升，由于含有较多的糖分，所以具有特别浓厚的甜味。

（二）醒酒——红酒充分氧化后才够香

葡萄酒是有生命的。一瓶佳酿通常是尘封多年的，刚刚打开时会有异味，这时就需要

"唤醒"这支酒。醒酒通常有两种方式。

(1) 提前开启瓶塞。品酒之前,要提前把瓶塞打开,让葡萄酒充分接触空气。让葡萄酒"呼吸",可使酒的香味变得更加惬意。

(2) 换瓶。换瓶就是将澄清的葡萄酒倒入一个无色透明的玻璃酒壶或醒酒器(图2-24)中,稍待一段时间,让酒的异味散去。一般要求酒壶能让酒和空气的接触面最大。红酒充分氧化之后,浓郁的香味就散发出来了。换瓶的另一个作用是澄清葡萄酒,使葡萄酒与瓶底的沉淀物分开。换瓶应遵循以下原则:①只有瓶底有沉淀的葡萄酒才需要换瓶;②如果需要换瓶,则应在上酒前进行;③只有那些香气不太纯正或有过多的二氧化碳的葡萄酒才应提早换瓶,以使葡萄酒与空气接触,让它"呼吸"。

图2-24 醒酒器

根据酒的特征,一般葡萄酒的呼吸时间从0.5小时到2小时不等。而新鲜的葡萄酒一般无须换瓶,但在饮用前打开瓶口让其呼吸一段时间仍是必需的。

(三)观酒——陈年佳酿的酒边呈棕色

红酒的那种红色足以撩人心扉,斟红酒时以酒杯横置、酒不溢出为基本的要求。在光线充足的白色背景下,首先,从酒杯正上方看酒是否清澈;其次,摇动酒杯,从酒杯侧方的水平方向看从杯壁均匀流下时的速度。酒越黏稠,流的速度越慢,酒质越好;最后,把酒杯侧斜45°来观察,此时,酒与杯壁结合处有一层水状体,它越宽就表明酒的酒精度越高。这个水状体与酒体结合部位能出现不同的颜色,从而显示出酒的酒龄,蓝色和淡紫色——3~5年酒龄,红砖色——5~6年酒龄,琥珀色——8~10年酒龄,橘红色说明酒已经过期了。葡萄酒的产地也会影响葡萄酒的颜色。炎热地区的葡萄酒的颜色较浓,而清凉地区的葡萄酒的颜色则较浅淡。

(四)闻酒

嗅觉的运用在品尝中非常重要,它对香气的捕捉分析比味觉还要多。可按照以下步骤闻酒。

(1) 闻酒前最好先呼吸一口室外的新鲜空气。

(2) 把杯子倾斜45°,鼻尖探入杯内闻酒的原始气味。新鲜的葡萄酒有一种淡淡的果香,而陈年佳酿则有非常复杂、丰富的香味。

(3) 摇动酒杯后,迅速闻酒中释放出的气味,看它和原始气味相比是否稳定。

(五)饮酒——让酒在口腔内多留片刻

将酒杯举起,杯口放在嘴唇之间,压住下唇,头部稍往后仰,就像平时喝酒一样。但应避免让酒依靠重力的作用流入口中,而应轻轻地向口中吸气,并控制吸入酒的酒量,使葡萄酒均匀地分布在舌头的表面。每次吸入的酒量应适中,在6~10毫升。如果酒量过多,不仅酒液所需加热的时间较长,而且很难在口腔内保持,这样就会迫使品酒者在品尝过程中摄入过量的葡萄酒。相反,如果吸入的酒量过少,则不能湿润口腔和舌头的表面,而且由于唾液的稀释,品酒者感受到的味道就不能代表葡萄酒本身的口味。此外,每次所吸入的酒量应一致,否则在品尝不同的酒样时,就没有可比性。

当葡萄酒进入口腔后,闭上双唇,头微向前倾,利用舌头和面部肌肉的运动搅动葡萄酒。也可将口微张,轻轻地吸气,这样不仅可防止葡萄酒从口中流出,还可使葡萄酒蒸汽进入鼻腔后部。根据品尝的目的不同,葡萄酒在口内保留的时间可为 2~5 秒,也可延长到 12~15 秒。在第一种情况下,不可能品尝到红葡萄酒的单宁味道。如果要全面、深入地品味葡萄酒,应将葡萄酒在口中保留并搅动 12~15 秒。

葡萄酒的味道有四种:酒香、酒酸、酒味和单宁酸。好的葡萄酒这四种味道必须能达到平衡。比如,一杯酸度不够的酒会缺乏新鲜感和深度,变成带酒精的糖水;而如果单宁酸过重,则会给上腭留下很不舒服的苦涩感。不同年份、不同产地的葡萄酒之间的微妙差别是难以言表的,因此,这也就成了最能考验一个人在葡萄酒方面的经验和阅历的一种因素。在口感分析结束后,最好咽下少量的葡萄酒,将其余部分吐出。然后,用舌头舔牙龈和口腔内表面,以鉴别葡萄酒的尾味。

(六)酒序——先尝新酒再尝陈酒

一次品酒聚会通常会品尝两三支红酒,以达到对比的效果。为此,喝酒时就应该按照一定的次序。葡萄酒饮用的基本次序如下。

(1)香槟和白葡萄酒饭前作开胃酒喝,红白葡萄酒佐餐时喝,干邑在饭后配甜点喝。

(2)先喝白葡萄酒,后喝红葡萄酒。

(3)先喝清淡的葡萄酒,后喝口味重的葡萄酒。

(4)先喝新鲜的葡萄酒,后喝陈年的葡萄酒。

(5)先喝不甜的葡萄酒,后喝甜味葡萄酒。

【阅读资料2-4】

(1)酒与菜的搭配一般如下。

① 餐前选用配制酒和开胃酒。

② 冷盘和海鲜配白葡萄酒。

③ 肉禽野味配红葡萄酒。

④ 甜食选用甜味葡萄酒或气泡葡萄酒。

(2)酒与酒的搭配是:低度酒在先,高度酒在后;有气酒在先,无气酒在后;新酒在先,陈酒在后;风格淡雅的酒在先,风格浓郁的酒在后;普通酒在先,名贵酒在后;白葡萄酒在先,红葡萄酒在后。最好选用同一国家、地区的酒作为宴会用酒。

第三节 葡萄酒

一、葡萄酒的起源

据资料记载,约公元前5000年,古埃及人就开始饮用葡萄酒。希腊是欧洲最早种植葡萄并进行葡萄酒酿造的国家。在公元前300年,希腊的葡萄栽培已极为兴盛。公元初期,罗马人从希腊人那里学会了葡萄栽培和葡萄酒的酿造技术后,很快地进行了推广。随着罗马帝国的扩张,葡萄栽培和葡萄酒的酿造技术迅速传遍法国、西班牙、北非及德国莱茵河流域,并形成了很大的规模。

葡萄酒的起源与发展

15世纪后期,葡萄栽培和葡萄酒的酿造技术传入了南非、澳大利亚、新西兰、日本、朝鲜和美洲等地。16世纪,西班牙殖民主义者将欧洲葡萄品种带入墨西哥和美国的加利福尼亚地区,英国殖民主义者将葡萄栽培技术带到美洲大西洋海岸地区。

19世纪中叶,美国葡萄酒生产有了很大的发展,美国人从欧洲引进了葡萄苗木并在加利福尼亚州建起了葡萄园。从此,美国的葡萄酒业逐渐发展起来。

现在,葡萄酒在世界各类酒中已占据了十分显赫的地位。据不完全统计,世界各国用于酿酒的葡萄园面积达几十万平方千米,以葡萄酿造葡萄酒为生的人口有3700万之多。每年世界各国葡萄酒的消费量很大,有些国家的人对葡萄酒有着特殊的爱好。意大利人平均每年饮用110升葡萄酒,居世界之首;法国人平均每年饮用106升葡萄酒。另外,葡萄牙、阿根廷、西班牙等国葡萄酒的消费量也在世界名列前茅。

二、葡萄酒的主要产区

全球的葡萄酒产区主要集中在温带地区。著名英国葡萄酒作家Huge Johnson在《世界葡萄酒地图》中将世界上原有的葡萄酒生产国家分为旧世界(Old World)和新世界(New World)。其中,旧世界主要是指一些老牌的葡萄酒生产国,如法国、意大利、德国和西班牙等国家;而新世界则主要是指国际市场上的后起之秀,包括美国、澳大利亚、新西兰、智利、南非、阿根廷等国家,它们的葡萄酒酿造大多兴起于15—17世纪,如今在国际市场上也占据着不可忽略的地位。

新、旧世界的葡萄酒生产体现在葡萄品种、葡萄酒特性,特别是生产理念上的具体差异,如表2-2所示。

显而易见,新世界的酿酒技术抛开了旧世界的繁文缛节,大胆地对酿酒工艺进行了创新,加入了更多科技成分,使用更新的技术来使葡萄酒达到更好的平衡。无论葡萄收成如何,新世界的葡萄庄主们都有办法使葡萄酒达到一定的品质标准。他们的酿酒哲学是每年都保持恒定的品质。而旧世界的酿酒师们则执著得多,特别是法国的名庄,仍然坚持着严格的葡萄酒酿制工艺,他们更推崇手工工艺,像对待高级定制服装一样一针一线地手工缝制。

表 2-2　新、旧世界葡萄酒对比

对比项目	旧 世 界	新 世 界
规模	以传统家族经营模式为主,规模相对比较小	公司与葡萄种植的规模都比较大
工艺	比较注重传统酿造工艺	注重科技与管理
口味	以优雅型为主,较为注重多种葡萄的混合平衡	以果香型及突出单一葡萄品种风味为主,风格热情开放
葡萄品种	世代相传的葡萄品种	自由选择的葡萄品种
包装	注重标示产地,风格较为典雅和传统	注重标示葡萄的品种,色彩较为鲜明活跃
管制	有严格的法定分级制度	没有分级制度,一般著名优质产区的名称就是品质的保证

例如,一颗一颗地手工采摘葡萄,在年份不好的时候,甚至不出正牌酒,以保证其最高的品质。他们的酿酒哲学是每年都保留葡萄酒独特的个性。

在新世界,一株葡萄大约可产 1 千克的葡萄、酿出半公升的葡萄酒。而在法国的名庄,同样的土地生产的葡萄远远不及新世界国家,贵腐葡萄酒的酿造则更甚,一株葡萄最终只可酿出一杯葡萄酒。在法国,法律规定酒农不能在葡萄生长过程中对葡萄秧浇水,施肥次数应控制在最少,法国人认为人工的痕迹越少,越证明葡萄酒的珍贵,葡萄酒是"上帝的礼物",是自然的产物,天成为贵。而在新世界国家,浇水、施肥便没有规定得如此严格了,他们更相信聪明的"人为"更能体现智慧的成果。

当然,现在许多旧世界国家因为成本过高,渐渐失去了竞争优势。于是,一些旧世界的葡萄酒酿造商也渐渐融入新的技术来弥补人工的不足,既有悠久的历史和得天独厚的自然因素,又有新技术的支持和补充。旧世界和新世界的葡萄酒各具鲜明的特色与个性,两者的竞争势必更有利于葡萄酒的发展。

不同地区酒标的差异

如今,全球的葡萄酒产区已经不再像过去一样,由南北半球温带地区这两个彼此分离的带状区域所构成。随着全球变暖及越来越繁复的热带葡萄种植技术的发展,全球葡萄酒产区的全貌正在不停的变化中。

根据国际葡萄酒协会的统计数据,欧洲依然是全球最重要的葡萄酒产地,但是亚洲国家的新生势力迅速崛起,尤其是中国。从 20 世纪 90 年代中期以后,美洲和大洋洲也逐渐成为举足轻重的葡萄种植地区,澳大利亚、智利和美国新增加的葡萄园规模十分可观,不过这些国家在 2005 年前后的扩增速度已经减缓。

三、法国葡萄酒的产区

(一)阿尔萨斯产区

阿尔萨斯与法国东北部的德国接壤,与其他法国葡萄酒产区不同,这是法国唯一一个几乎专门种植白葡萄的葡萄酒产区。

这里种植的葡萄包括琼瑶浆(Gewurztraminer)、白皮诺(Pinot Blanc)、灰皮诺(Pinot Gris)、麝香(Muscat)和黑皮诺(Pinot Noir)。

法国葡萄酒产区

（二）波尔多产区

在考虑法国葡萄酒时，波尔多通常是第一个想到的葡萄酒产区。它是法国最著名的葡萄酒产区，也是法国第二大葡萄酒产区，葡萄种植面积超过 250000 英亩。

波尔多以其丰富的红葡萄而闻名，其中最著名的是赤霞珠（Cabernet Sauvignon）。然而，品丽珠（Cabernet Franc）、梅洛（Merlot）、马尔贝克（Malbec）和小维铎（Petit Verdot）也在这里种植。此外，这里也生产少量白葡萄，通常是长相思（Sauvignon Blanc）和塞米雍（Semillon）。

地理位置上，波尔多位于法国西南部，靠近大西洋海岸。

（三）勃艮第产区

勃艮第产区位于法国中部，北与第戎接壤，南与里昂接壤，代表性的红葡萄品种是黑皮诺和佳美（Gamay）。

在勃艮第种植的最著名的白葡萄是霞多丽（Chardonnay）。有趣的是，霞多丽生长在夏布利（Chablis）的勃艮第产区，该产区位于第戎东北部。

（四）香槟酒产区

香槟是法国的葡萄酒产区，著名的香槟酒便得名于此。香槟酒产区包括法国东北部的兰斯、艾培涅和蒂埃里城堡。

这个法国葡萄酒山谷的气候凉爽，为种植霞多丽、黑皮诺和莫尼耶皮诺（Pinot Meunier）提供了完美的条件，这是真正香槟中合法允许的仅有的三种葡萄。

（五）汝拉产区和萨瓦产区

汝拉和萨瓦这两个法国葡萄酒产区经常被忽视。它们非常小，可以生产出独特的葡萄酒。在这个靠近瑞士边境和日内瓦市的地区种植了几种红葡萄和白葡萄。

（六）朗格多克—露西龙产区

朗格多克—露西龙产区是法国最大的葡萄酒产区，葡萄园占地超过 80 万英亩，也是世界上最大的葡萄园区。该产区位于法国南部地中海岸边，正如其名字一样，这个产区分为朗格多克和露西龙两大独立产区，但葡萄酒的政治和商贸又把这两个独立产区组合在一起。朗格多克具有明显的法国特点，葡萄园大多坐落在沿海的平原上。而露西龙则深受西班牙的影响，葡萄园大多坐落在比利牛斯山脚下。

（七）卢瓦尔河谷产区

卢瓦尔河谷的葡萄园遍布整个地区，但大多数都靠近卢瓦尔河，位于南特和奥尔良之间。该产区以其白葡萄酒白诗南（Chenin Blanc）和长相思而闻名，同时也生产一些红葡萄酒。

（八）普罗旺斯产区

虽然普罗旺斯没有一流的葡萄酒声誉，但在这个温暖干燥的地区旅行时，它们的葡萄酒肯定会给人留下深刻的印象。普罗旺斯位于戛纳和马赛城市之间的地中海沿岸，生产各种红葡萄酒。

（九）罗纳河谷产区

罗纳河谷位于法国南部，北面是里昂，南面是普罗旺斯。这个法国葡萄酒产区以其独特的辛辣红葡萄酒而闻名。在罗纳河谷种植的两种最受欢迎的葡萄是西拉（Syrah）和歌海娜（Grenache）。历史上曾有一段时间，罗纳葡萄被用来改善波尔多和勃良第葡萄生产的葡萄酒。

（十）西南产区

西南产区是法国最古老的葡萄酒产区之一，由于波尔多特有的港口优势和地区保护主义，直到今天，西南产区还无法摆脱小波尔多这个名字。产区大部分以海洋性气候为主，气候温暖湿润，非常有利于葡萄的成熟。主要的红葡萄品种有赤霞珠、品丽珠、丹娜（Tannat）、梅洛、马尔贝克。常见的主要白葡萄品种有长相思、塞米雍、密斯卡黛乐（Muscadelle）、莫扎克（Mauzac）。

四、法国葡萄酒的等级制度

传统上，法国葡萄酒共分为四级。若以金字塔来表示价格，由基部至顶部的顺序为日常餐酒（Vin de Table）、地区餐酒（Vin de Pays）、优良地区餐酒（VDQS）、法定地区葡萄酒（AOC）。一般来讲，越接近金字塔顶部，价格越高。

波尔多葡萄酒等级制度

（一）日常餐酒

日常餐酒可用法国同一产区或不同产区的酒调配而成。法国酿酒历史悠久，调配技术高超，因而日常餐酒品质稳定，是法国大众餐桌上最常见的葡萄酒。此类酒最低酒精含量不得低于8.5%或9%，最高则不超过15%。

（二）地区餐酒

地区餐酒由最好的日常餐酒升级而成。其产地必须与标签上所标示的特定产区一致，而且要使用被认可的葡萄品种。最后，还要通过专门的法国品酒委员会核准。

（三）优良地区餐酒

优良地区餐酒的等级位于地区餐酒和法定地区葡萄酒之间。这类葡萄酒的生产受到法国原产地名称管理委员会（Institut National des Appellations d'Origine）的严格控制。

（四）法定地区葡萄酒

法定地区葡萄酒是最高等级的法国葡萄酒，其使用的葡萄品种、最低酒精含量、最高产量、培植方式、修剪及酿酒方法等都受到最严格的监控。只有通过官方分析和化验的法定产区葡萄酒才可获得AOC证书。正是这种非常严格的规定才确保了AOC等级的葡萄酒始终如一的高贵品质。

2009年8月,为了配合欧盟2009年1月颁布的新酒法,法国葡萄酒分级制度进行了改革,由原来的4个等级变为3个等级(图2-25),改革后的分级制度如下。

(1) AOC 变成 AOP(Appellation d'Origine Protégée)。

(2) Vin de Pays 变成 IGP(Indication Géographique Protégée)。

(3) Vin de Table 变成 VDF(Vin de France),意思是酒标上没有产区提示的葡萄酒(Vin sans Indication Géographique)。

(4) VDQS(优良地区餐酒)从2012年开始不复存在,原来的VDQS依据其质量水平,有的被提升为AOP,有的被降级为VDF。

图 2-25　法国葡萄酒分级制度的变化

当今,法国葡萄酒仍然处于两种分级制度并行阶段,因此,其详细等级划分如图 2-26 所示。

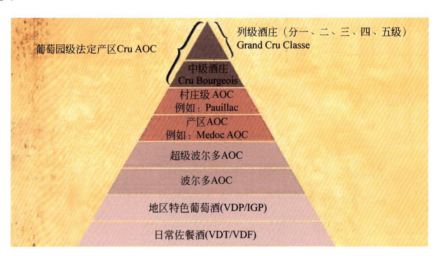

图 2-26　法国葡萄酒等级制度

五、法国著名葡萄酒庄

(一)拉菲酒庄

拉菲酒庄(Chateau Lafite Rothschild)位于波尔多产区的梅多克(Medoc)产区,1855年被评级为顶级葡萄酒庄,已有数百年的历史(图2-27)。拉菲酒庄本由法国贵族创建,后经多个家族转手。罗斯柴尔德家族从1868年经营至今,拉菲酒也从平凡重新达到巅峰。

法国著名酒庄

图2-27 拉菲酒标(左)及拉菲酒庄(右)

酒庄特色:低调是拉菲酒庄的最大特色,就像一座与世隔绝的村庄,到处弥漫着神秘的气息。虽然接待着来自世界各地的访客,但其始终保持原有的设施和装潢,仿佛一个保存完美的古董一样。拉菲酒庄出品的葡萄酒也秉承其酒庄的气质,华丽、低调、高雅、严肃,就像一位极致大方的贵族。

酿酒工艺:现在拉菲酒庄还是采用木造的酒槽酿酒,通常是一星期的发酵加上两星期的泡皮,酿造方法相当简单,是传统的波尔多酿法。

酿造完成的葡萄酒放入全新的橡木桶,在地下酒窖内进行一年半到两年的培养。

无论年份好坏,每年仅有不超过1/3的酒得以选为拉菲正牌,其余酿成副牌酒"卡律阿德斯(Carruades de Lafite)"。拉菲从1874年就开始生产副牌酒,是波尔多最早推出副牌酒的酒庄之一。

(二)玛歌酒庄

玛歌酒庄(Chateau Margaux)建于1590年(图2-28)。

酒庄特色:身为一级酒庄,玛歌几乎成了全村的焦点,特别是酒庄的建筑本身,正好贴切地表现了梅多克红酒的精神:19世纪初新古典主义风格的建筑,四根高耸的爱欧尼亚式列柱、简洁厚重的柱顶盘与三角楣、二十四阶的石梯与左右对称的两座人面狮身像搭建起城堡的正面。

酿酒工艺:酒庄原有一个19世纪建造的老酒窖,在1982年又建设了新酒窖,酒窖里面常年保持13~15℃,安放着26000个橡木桶。

图 2-28　玛歌酒标(左)及玛歌酒庄(右)

酒庄还自己生产橡木桶,每年有 30% 采用自己生产的桶,而正牌酒全部采用新桶。玛歌酒庄比较恪守传统,发酵全部采用木桶发酵罐发酵,大部分采用人工操作,连发酵温控都是人工控制,仍然采用蛋清在桶里沉淀的传统工艺。

玛歌酒庄葡萄酒是波尔多的代表,细致、温柔、幽雅,单宁中庸。

(三) 拉图酒庄

拉图酒庄(Chateau Latour)位于波尔多波伊雅克村庄(Pauillac)南部的一个地势较高的碎石河岸上(图 2-29)。1855 年,经分级制度被评定为顶级一等的酒庄。这座由英国人在 15 世纪建成的城堡,在 16 世纪开拓为葡萄园。经历了几百年的转手拍卖,最终由法国春天百货的老板拥有。

图 2-29　拉图酒标(左)及拉图酒庄(右)

酒庄特色:这里的葡萄的单宁含量高,生产出全波尔多最雄壮的红酒,所以拉图的酒一贯酒体强劲,即使换了无数任的庄主,酒品依旧不变。

酿酒工艺:在葡萄收获的时候,人工将新老植株分开采摘,按照质量不同分别存放和处理,质量差的葡萄干脆淘汰。随后要经过五周的发酵,18 个月的陈酿,两个月的装瓶,几个月的分销,消费者在两年半之后才能买到拉图酒庄的美酒。

(四) 奥比安酒庄

奥比安酒庄(Chateau Haut Brion Pessac)位于吉伦特河左岸的 Pessac Leognan 地区,是

波尔多最古老的酒庄,始建于 1525 年。奥比安是第一个使用自己酒庄名称而非以散酒形式出售的酒庄,同时也是波尔多第一家拥有自己品牌的葡萄酒庄(图 2-30)。

图 2-30　奥比安葡萄酒(左)及奥比安酒庄(右)

酒庄特点:奥比安是全波尔多最早成熟的葡萄园,经常在法定采收日之前就破例开采。除了早熟,也因为梅洛葡萄的含量特别高,让奥比安的红酒经常比梅多克的一级酒庄的红酒更圆润可口。

酿酒工艺:酿酒窖是葡萄酒酿造艺术的核心地点,过去的酿酒槽均以木头制成,奥比安酒庄则是第一个在 1961 年采用不锈钢酿酒槽的酒厂。

(五) 木桐酒庄

木桐酒庄(Chateau Mouton Rothschild)位于法国梅多克地区的波伊雅克村庄(Pauillac),1855 年被评为波尔多第二级酒庄,在老庄主菲利普·德·罗斯柴尔德男爵坚持不懈的发展经营下,成为唯一一家从第二级升级为第一级的酒庄。

酒庄特点:木桐最为人知的创举是酒标与艺术作品的结合,每年的标签都由当时有名的艺术家设计(图 2-31)。

在 1946 年,这些由世界上的伟大画家和雕塑家们设计的酒标,变成了木桐酒庄一个永久和有特色性的走向。

(六) 白马酒庄

白马酒庄(Chateau Cheval Blanc)虽位于圣爱美隆区(St. Emilion),但地近庞马鲁区(Pomerol),所以风土与其极为相近。土壤多为碎石、砂石及黏土;下磐则是含铁质极高的岩层。长久以来,白马酒庄的酒被视为庞马鲁的酒。白马酒庄主要种植的葡萄和一般名园以赤霞珠为主的情形不同,挑上了有赤霞珠"乡下穷亲戚"之称,且较淡、色浅、早熟、单宁少、较香的品丽珠与梅洛,种植密度为每公顷约 6000 株。在全新橡木桶中的醇化期约 18~24 个月。至于不是很理想的酒则充作副牌酒,也就是"小白马"(Le Petit Cheval)。

白马酒(图 2-32)最大的优点是年轻时与年长时都很迷人,年轻时会有一股甜甜的吸引人接受的韵味,酒力很弱。但经过十年后,白马酒又可以散发出很强、多层次、既柔又密的个性。1947 年份的白马酒曾获得波尔多地区"20 世纪最完美作品"的赞誉。

图 2-31　木桐酒庄部分年份酒标

图 2-32　白马酒标（左）及白马葡萄酒（右）

（七）柏图斯酒庄

柏图斯酒庄（Chateau Petrus）位于法国波尔多的庞马鲁（Pomerol）产区，是该产区最知名的酒庄（图2-33）。酒庄拥有近12公顷土地，这在区内大多是袖珍型小酒庄的庞马鲁已算得上杰出。最初，柏图斯酒庄是个名不见经传的小酒庄，在庞马鲁地区也仅排名第四、第五。直到1925年，艾德蒙·罗芭夫人（Madame Edmond Loubat）从前任庄主阿诺德（Arnaud）家族手中购得酒庄，柏图斯酒庄的辉煌历程才由此开启。

柏图斯酒庄拥有11.5公顷的葡萄园，所种植的葡萄品种以梅洛为主，约占95%；剩余的5%为品丽珠。由于品丽珠成熟较早，所以除非年份特别好，酒庄一般不用来酿酒。种植

图 2-33　柏图斯酒标（左）及柏图斯酒庄（右）

密度为每公顷 6500 株，平均树龄在 53 年左右，有些甚至达 90 年。经营者在葡萄园的更新上采取较传统的方式，即通过品选，以品质最优的葡萄藤作为"母株"。葡萄园也采取严格的"控果"，每株保留几个芽眼，每个芽眼仅留下一串葡萄，目标是全熟，但避免超熟，否则会影响葡萄酒细腻的风味。

（八）罗曼尼·康帝酒庄

罗曼尼·康帝酒庄（Romanee Conti）常被简称为"DRC"，有勃艮第地区顶级的葡萄园，其面积达 67.5 英亩，所种的红葡萄为 100% 的黑皮诺，植株的平均年龄高达 50 岁。每公顷种植约 10000 株葡萄，年产量为每公顷 2500 公升，每 3 株葡萄酿一瓶酒，年产约 500 箱 6000 瓶。

罗曼尼·康帝酒庄不仅拥有罗曼尼·康帝和拉·塔希这两个特级葡萄园，在其他著名的葡萄园中也拥有自己的园地。罗曼尼·康帝酒庄的葡萄酒售价极高，被誉为"亿万富翁所饮的酒"，酒庄名称也是借用了此葡萄园的名字（图 2-34）。在葡萄酒大师罗伯特·帕克（Robert M. Parker）的评价中，罗曼尼·康帝各年份的葡萄酒都在 90 分以上。如今，罗曼尼·康帝红葡萄酒在市面上难得一见，酒庄也并不单独销售，一般只有购买 12 瓶酒庄其他园区的酒时，才搭售一瓶罗曼尼·康帝。

图 2-34　罗曼尼·康帝（左）、拉·塔希（中）、罗曼尼·康帝酒庄（右）

第四节　白　兰　地

一、白兰地的起源

在法国当地流传这样一句谚语：男孩喝红酒，男人喝波特（Port），要想当英雄，就喝白兰地。人们给予白兰地至高无上的地位，称之为"英雄之酒"。

白兰地起源、白兰地杯

关于"英雄之酒"白兰地（图 2-35）的来历有两种说法。

一说是英语中白兰地（Brandy）从荷兰语发展而来，意思为"可燃烧的酒"。16 世纪时，荷兰为海上运输大国，法国是葡萄酒重要产地，荷兰船主将法国葡萄酒运往世界各地，但当时英国和法国开战，海上交通经常中断，葡萄酒储藏占地费用大，于是荷兰商人想将葡萄酒蒸馏浓缩，可节省储藏空间和运输费用，运到目的地后再兑水出售。可意想不到的是浓缩的酒更受欢迎，而且储藏时间越长酒味越醇。由此便出现了一种新酒，即蒸馏葡萄酒——白兰地。

图 2-35　白兰地

另一说则是白兰地最早起源于法国。在 18 世纪前，法国人喝的是葡萄酒。由于法国的地理环境优越，整个国家成为种植最好、葡萄最多的大葡萄园，也使法国成为最大的葡萄酒出口国。由于葡萄酒的酒精含量很低，以当时的运输条件来说，往往经受不住长途运输而变质，而且整箱葡萄酒占的空间很大。于是法国人便想出了双蒸的办法，即把白葡萄酒蒸馏两次，去掉葡萄酒的水分，提高酒精含量，以便运输。到达遥远的外国后，再加水稀释复原为白葡萄酒，然后在市场上出售。那些被蒸馏两次的白葡萄酒便是最早期的白兰地。

不管何种说法正确，至少白兰地的制造原理已经十分清楚了。简单来说，白兰地就是用发酵过的葡萄汁液经过两次蒸馏而成的美酒，因此，Brandy 在英文中通常是指"葡萄酒的灵魂"，1 升白兰地大约需要 8 升葡萄酒浓缩而成。

与通常喝的金黄色的白兰地不同，最初的白兰地无色透明，仿如清水。它变成现在的样子，其过程非常偶然。1701 年，法国卷入了西班牙战争，白兰地销量大减，人们不得不将存货装入由橡木制成的木桶内储存。战争结束以后，解甲归田的人们惊奇地发现，储存在橡木桶内的白兰地变得更香更醇，减少了辣味（刺激性），并且具有晶莹通透的琥珀金黄色。白兰地的酿制者们为这一偶然发现而雀跃。于是，用橡木桶酿制白兰地便成为酿制白兰地的重要环节。故而，白兰地的颜色是酒液在橡木桶中储藏时，橡木的色素溶入酒中所形成的。年代越久，白兰地的颜色越深。由于有颜色的白兰地更受欢迎，目前酿酒厂都使用焦糖加色。

二、法国白兰地的产区

世界上生产白兰地的国家很多,但以法国出品的白兰地最为驰名。而在法国产的白兰地中,以干邑(Cognac)地区生产的为最佳,其次为雅文邑(Armagnac)地区所产。除了法国白兰地以外,其他盛产葡萄酒的国家,如西班牙、意大利、葡萄牙、美国、秘鲁、德国、南非、希腊等国家,也都生产一定数量风格各异的白兰地。

法国白兰地产区、陈酿勾兑

(一)干邑

干邑,音译为"科涅克",位于法国西南部,是波尔多北部夏朗德省境内的一个小镇。它是一座古镇,面积约10万公顷。科涅克地区的土壤非常适宜葡萄的生长和成熟,但由于天气较冷,葡萄的糖分含量较低(一般只有18%~19%),故此,其葡萄酒产品很难与南方的波尔多地区生产的葡萄酒相比。随着17世纪蒸馏技术的引进,特别是19世纪在法国皇帝拿破仑的庇护下,干邑地区一跃成为酿制葡萄蒸馏酒的著名产地。1909年,法国政府颁布酒法明文规定,只有在夏朗德省境内,干邑镇周围的36个县市所生产的白兰地方可命名为干邑,除此以外的任何地区不能用这一词来命名,而只能用其他指定的名称命名。

1938年,法国原产地名协会和干邑同业管理局根据AOC法(法国原产地名称管制法)和干邑地区内的土质及生产的白兰地的质量与特点,将干邑分为六个酒区:GRANDE CHAMPAGNE——大香槟区;PETITE CHAMPAGNE——小香槟区;BORDERIES——边林区;FIN BOIS——优质林区;BON BOIS——良质林区;BOIS ORDINAIRES——普通林区。其中大香槟区和小香槟区占地面积很小,葡萄产量也特别少。根据法国政府规定,只有用大、小香槟区的葡萄蒸馏而成的干邑,才可称为"特优香槟干邑"(FINE CHAMPAGNE COGNAC),而且大香槟区葡萄所占的比例必须在50%以上。如果采用干邑地区最精华的大香槟区所生产的干邑白兰地,可冠以"GRANDE CHAMPAGNE COGNAC"字样。这些白兰地均属于干邑的极品。

干邑酿酒用的葡萄原料一般不使用酿制红葡萄酒的葡萄,而是选用具有强烈耐病性、成熟期长、酸度较高的白葡萄品种。这是因为酿制红葡萄酒的葡萄由于其果皮中含有大量的高级脂肪酸,所以蒸馏出来的白兰地酒中也含有不少的脂肪酸,影响了酒的口味,消费者的评价普遍不高。因此,多数生产商不使用这些葡萄来酿造白兰地酒。

(二)雅文邑

雅文邑是法国出产的白兰地酒中仅次于干邑的白兰地酒产地。雅文邑位于法国加斯克涅地区(Gascony),在波尔多地区以南100英里处,包含下雅文邑(Bas-Armagnac)、上雅文邑(Haut-Armagnac)和特纳赫兹(Ténarèze)三个产区。

雅文邑酒在酿制时,也大多采用著名的白葡萄品种。采用独特的半连续式蒸馏器蒸馏一次,蒸馏出的雅文邑白兰地酒像水一样清澈,并具有较高的酒精含量,同时含有挥发性物质,这些物质构成了雅文邑白兰地酒独特的口味。从1972年起,雅文邑白兰地酒的蒸馏技术开始引进二次蒸馏法的夏朗德式蒸馏器,使得雅文邑酒的酒质变得轻柔了许多。

与干邑白兰地酒相比,雅文邑白兰地酒的香气较强,味道也比较新鲜有劲,具有阳刚风格。其酒色大多呈琥珀色,色泽度深暗而带有光泽。

【阅读资料 2-5】

干邑与雅文邑白兰地

虽然世界上生产白兰地的国家很多,但法国出产的白兰地堪称"世界白兰地之最"。法国白兰地中,为了将干邑和雅文邑两地所产的白兰地区别开,干邑和雅文邑出产的白兰地都以其地名来命名,所以在提到白兰地时,"法国干邑""法国雅文邑"就成为这两地出产的白兰地的代名词。1909 年,法国政府颁布了有关法令,对于干邑和雅文邑的白兰地生产区域、葡萄原料的品种及蒸馏法,作出严格的规定,如不合乎规定,便不能冠上地名。在干邑和雅文邑以外的其他法国地区也出产白兰地,不过为了和高品质的干邑、雅文邑白兰地相区分,其他地区出产的白兰地统称为法国白兰地(French Brandy)。虽然不像干邑和雅文邑那样声名显赫,但与其他国家的白兰地相比,法国白兰地的品质也堪称上乘。

三、白兰地的等级

白兰地的口感与桶中储存年限的长短有直接关系,干邑酒储存时间越长,质量越好,价格越高。法国对干邑的级别有极为严格的规则,酒商是不能随意自称的。总括而言,有下列类别。

白兰地等级

(1) 3-STAR、VS 干邑:蕴藏期不少于 3 年。

(2) VSOP 干邑:蕴藏期不少于 4 年。

(3) NAPOLEON 干邑:蕴藏期不少于 6 年。

(4) XO 干邑:蕴藏期多在 8 年以上。

所有白兰地酒厂都用字母来分别品质,列举如下:E 代表 ESPECIAL(特别的);F 代表 FINE(好);V 代表 VERY(很好);O 代表 OLD(老的);S 代表 SUPERIOR(上好的);P 代表 PALE(淡色而苍老);X 代表 EXTRA(格外的)。

还有一点需要指出,白兰地在保持适当温度、湿度的橡木桶中才能叫作窖藏,装在玻璃瓶中之后,除在极端环境下,口味很难再有进一步变化,所以 VSOP 即使放上 100 年也变不成 XO。

四、白兰地的品牌

酒店中常见的法国白兰地有以下几种。

（一）轩尼诗

轩尼诗（Hennessy）的名字源自创始人李察·轩尼诗（Richard Hennessy）。李察·轩尼诗（图 2-36）并非法国本土人，他出生于爱尔兰的约克郡（County Cork），1745 年到法国当兵，在 1750 年时担任路易十三御林军的外国军官，驻扎在干邑区，因此时常品尝白兰地，知道了白兰地的美妙，还买了很多瓶送给故乡的亲友们，亲友们对白兰地都赞不绝口，这成为他日后经营酒业的主要原因。

白兰地品牌轩尼诗、马爹利、御鹿

李察·轩尼诗在当兵期间曾取得"英勇证书"（Certification Brave and Gallant），这成为轩尼诗酒厂的标志。退伍后，李察·轩尼诗于 1757 年开始在干邑区经商，至 1765 年成立轩尼诗酒厂。酒厂成立初期，轩尼诗销量已十分卓越，当时所出口地区以英国及其他各大城市为主，时至今日，轩尼诗销量仍然占据领导地位（图 2-37、图 2-38）。

图 2-36　李察·轩尼诗

图 2-37　轩尼诗 VSOP

图 2-38　轩尼诗 XO

白兰地号称陈年"生命之水"。目前，轩尼诗公司拥有世界规模最大的陈年干邑白兰地酒窖（图 2-39，图 2-40）。轩尼诗干邑演绎了干邑的深邃、协调和细腻，其中一些"生命之水"有 200 年的历史，其珍贵品质透过 1830 年和 1860 年的干邑得以充分地展现出来。轩尼诗将香草、花开精华、糖渍水果、香料的浓郁气息完美地结合在一起，质感丰厚如丝绸。在口中留存良久，渐渐展现其味道的精华，舌头上留下点点浓郁的果甜味道，和谐有致。轩尼诗杯莫停（Hennessy Paradis）为轩尼诗干邑中的极品，含有极陈年的酒，自公司创立以来一直蕴

图 2-39　轩尼诗商标

藏至今,至香至醇。轩尼诗 XO(Hennessy XO)是历史上第一种以 XO 命名的干邑,原是轩尼诗家族款待挚友的私人珍藏,酒质馥郁醇厚,深受远东地区特别是我国香港地区人们的喜爱。

图 2-40　轩尼诗酒窖

【阅读资料 2-6】

"天堂口"

干邑在法国地图上仅是一个位于法国西南部的小点,但以它命名的酒却拥有最多赞美之词:因为干邑的储藏年份久远,它被称为"生命之水";储藏它的酒窖被称为"天堂";而在陈化过程中透过桶壁蒸发掉的干邑被称为"天使的飞升";最后得到的部分被誉为酒中的贵族,也就是"留在人间的天使"。

在干邑人的心中,酒窖是他们的神秘场所。那是由于酒窖的自然温度、湿度、采光度等对干邑的蒸发和老化过程有重要的影响。一百多年前的马爹利先生在进入这个"天堂"之前,每次都要站在酒窖门口,虔诚地向静静躺在橡木桶和酒瓶里面慢慢陈化着的干邑陈酿脱帽致敬。

实际上,在干邑镇,这种储藏干邑白兰地的酒窖很容易被找到。因为在陈化过程中,一份的酒精蒸发到空气中,这就是"天使的一份"。每年有 2%~4% 的干邑被蒸发到空中"为天使解渴",芬芳的蒸气催生了一种名叫生膜菌的霉菌,这种霉菌使整个酒窖的墙壁和房顶都呈现黑色,就像给酒窖穿上了一层丝质的衣服。一些执法机构就是通过仔细探测酒窖的墙壁和房顶,看看酒窖是否非法生产干邑。

(选自尼古拉斯·费尔. 干邑白兰地——燃烧 500 年的传奇[M]. 古炜耀,译. 广州:南方日报出版社,2009.)

(二)马爹利

马爹利(Martell)家族自 1715 年起便开始酿制品质优良的干邑白兰地。时至今日,马爹利各级干邑白兰地已誉满全球(图 2-41、图 2-42)。马爹利酒厂有着丰富的传统经验及庞大藏酒量,故能保持酒质超卓,始终如一。在马爹利酒厂,酿酒师每日都会进行干邑调配的工作。这项工作由首席酿酒师一人全权负责。首席酿酒师必须具备过人的嗅觉和味觉记忆力,以对不同年份和产区的葡萄酒进行挑选,并在它们的醇化期内有规律地按时品尝,最后选定最合适的时间调和。马爹利酒窖的调酒师世代相传,确保了马爹利干邑保持传统特色——芳香馥郁、丰润醇厚。马爹利 XO 是马爹利家族 270 多年酿酒艺术的结晶,是 XO 中的极品。蓝带马爹利干邑是一种酒味香醇、色调丰厚的特级干邑白兰地,也是全球最受欢迎的高级干邑佳酿之一。

图 2-41　马爹利商标

图 2-42　马爹利 VS、VSOP 和 XO

(三) 御鹿

御鹿(Hine)始创于 1763 年,总部位于法国干邑区的雅尔纳克(Jarnac),是公认的"年份干邑专家"(Specialist in Vintage Cognacs)。1791 年,英国人托马斯·海因(Thomas Hine)离开故乡多塞特郡,来到法国学习干邑酿造。他与当地酒庄庄主的女儿弗朗索瓦·伊丽莎白(Françoise Elisabeth)喜结连理,继承了这家干邑酒庄,并以自己的姓氏为酒庄命名。因其标志为一头栖息的雄鹿,故中文得名"御鹿"(图 2-43)。自 1962 年起,御鹿被英国女王伊丽莎白二世钦点为皇室独家干邑供应商。

御鹿仅生产 VSOP 及以上级别的干邑(图 2-44),代表作凯旋(Triomphe)由超过 50 种

图 2-43　御鹿商标

图 2-44　御鹿 XO

源自大香槟区的干邑调配而成。

(四) 人头马

法国白兰地是众人皆知的世界名酒,而人头马(Remy Martin)更是被各国评酒专家赞誉为白兰地中的精品,自其诞生以来的 200 多年里畅销不衰,在白兰地酒的销售中独占鳌头。

白兰地品牌
人头马及其他

1724 年,人头马白兰地由法国夏朗德省干邑地区有 270 多年历史的雷米·马丹(Remy Martin)公司所生产,因其商标上有一匹人头马而得名(图 2-45)。

人头马白兰地酒纯正平和、香味浓郁、色泽鲜亮,按储存年代长短不同可分成几种,其中储存时间最短的"上等陈酿"也在 6 年以上,而在酒窖里度过 50 年漫长岁月的"路易十三(Louis XIII)"则被视为"人头马"中的极品(图 2-46),是历史悠久的人头马家族永远的骄傲。呈现晶透琥珀色的人头马路易十三百分之百使用大香槟区几千种"生命之水"调制而成,并放置在古老的橡木桶中储藏长达 50~100 年,滴滴佳酿盛装在雕有鸢尾花花徽的知名巴卡拉纯手工水晶瓶中,瓶颈以 24K 纯金雕饰,化身为极具收藏价值的艺术品。

图 2-45 人头马商标

图 2-46 人头马路易十三

目前,人头马公司 80% 的产品出口,其销量占全世界高级白兰地酒销量的 50%。

(五) 拿破仑

Courvoisier 白兰地中文名称之所以被称为"拿破仑",皆因其创始人与拿破仑很熟悉,常将佳酿送至宫廷以供宴饮之用,因此享有"拿破仑之酒"的称誉。

19 世纪初,爱曼奴尔·库瓦西耶(Emmanuel Courvoisier)来到巴黎,遇到路易·加卢瓦(Louis Gallois)——一个成功的酒商。他们合伙做生意,成功争取到给宫廷供酒的特许。1811 年,拿破仑访问他们在伯斯(Bercy)的酒厂,请他们给他供应干邑酒。后来,拿破仑被流放到圣海伦岛时,库瓦西耶干邑放到英舰"诺森伯兰郡"号以随行,从此人们称这种白兰地为拿破仑白兰地。今天,拿破仑的剪影作为所有库瓦西耶干邑的标志(图 2-47、图 2-48)。

图 2-47　拿破仑商标

图 2-48　拿破仑白兰地

（六）卡慕

卡慕（Camus）又称金花干邑或甘武士，由法国 CAMUS 公司出品，该公司创立于 1863 年，是法国著名的干邑白兰地生产企业（图 2-49、图 2-50）。卡慕所产干邑白兰地均采用自家果园栽种的优质葡萄作为原料加以酿制混合而成。卡慕家族传承五代至今无止境地追求着干邑酿造的极致，是全球最大的、唯一完全由家族掌控的独立干邑世家。

图 2-49　卡慕商标

图 2-50　卡慕 VSOP

（七）百事吉

百事吉（Bisquit）始创于 1819 年，经过 180 余年的发展，现已成为欧洲最大的蒸馏酒酿造厂之一（图 2-51、图 2-52）。当亚历山大·百事吉创建这个酒厂的时候，还是一个 20 岁的小伙子，但凭借着非凡的才干，这个年轻人让他的酒厂最终成为干邑地区最好的白兰地酒厂之一。1963 年，雷诺（Renault）和卡斯蒂永（Castillon）合并，然后在 1965 年加入了柏诺·里卡尔（Pernod Ricard）集团。2009 年，保乐利加集团与南非 Distell 集团签订协议，以 3100 万欧元的价格出售其 Bisquit 干邑品牌。

图 2-51　百事吉商标　　　　　图 2-52　百事吉 XO

（八）墨高

墨高（MEUKOW）的历史源于伟大的沙皇时期。1862 年，沙皇宫廷御酒师墨高兄弟被派到法国寻找干邑这种来自人间的天堂酒液，于是创建了墨高公司和墨高品牌。如今，独特新颖的豹子造型（以一只性感威猛的豹子刻制于剔透的玻璃瓶身上）已成功地根植在全球各地广大消费者心中（图 2-53、图 2-54）。

图 2-53　墨高商标　　　　　图 2-54　墨高白兰地

（九）嘉宝

嘉宝（Chabot）在 1828 年面世，是法国最大的雅文邑出口商，在全球免税品市场中具有很高的知名度（图 2-55、图 2-56）。嘉宝白兰地不仅有自己的葡萄园，更有自己的葡萄酒酿造工厂及蒸馏工厂，还有自己的储藏酒窖及酒瓶工厂。

五、白兰地酒杯

品尝白兰地要用短腿大肚收口杯（图 2-57），为不使酒的香味散失，杯口设计成较窄小的形状，矮脚可以让手掌自然握住杯身，以便加热酒液，使酒液逸出陈酿香气，可以一边嗅酒的香气，一边品尝酒的美味。

图 2-55　嘉宝商标　　　　　　　图 2-56　嘉宝白兰地

图 2-57　白兰地酒杯

【课后思考】

1. 葡萄酒储存要注意哪些问题？
2. 请解释葡萄酒瓶形状和颜色的秘密。
3. 葡萄酒杯之所以是高脚大肚收口杯的原因是什么？
4. 葡萄酒杯如何对酒的味道产生影响？
5. 简述葡萄的常见品种及其口味特点。
6. 简述白兰地的基本等级。
7. 水晶杯与玻璃杯的区别是什么？

【项目作业】

考察一家五星级酒店的酒吧，详细记录酒吧中杯子的种类、材质、品牌、价格，并辨别每种杯子应盛装的酒水，最终完成一份分析报告。

第三章

咖啡

咖啡可以陪伴我们度过许多惬意的时光。清晨起床后喝一杯咖啡醒脑,白天工作时轻咽一口咖啡提神,更可在闲暇里饮一杯咖啡、吃几块蛋糕,和朋友聊天小聚。咖啡丰富着我们的生活,也缩短了人们之间的距离。美餐之后,泡上一杯咖啡,读一份报纸,或是和恋人、朋友及家人在一起共享温馨舒适、乐趣无穷的咖啡时光,这是一种幸福。

【课前导入】

危地马拉奥利弗拉马种植园的收获

故事发生在危地马拉的圣马可地区。那是我第一次采摘咖啡果实(像樱桃一样),我费了很大劲儿,才能在陡峭的山坡上保持平衡。我在腰上绑一个采摘筐,然后就按照采摘师傅赫尔曼所要求的,只采摘已经成熟的红色果实,但有时候也会不小心碰到尚未成熟的绿色果实,它们掉进我的采摘筐里,所以,采摘过后,我还得进行分拣。

……

其他的采摘者通常都是一家人齐出动。采摘期间,我听到他们用西班牙语聊天的聊天,唱歌的唱歌。这是一年中最幸福的时光,整整一年,人们辛苦地忙着修剪、施肥、播种、看护,甚至维修公路和开凿水渠,全都是为了收获成熟的咖啡果。我也唱了一首歌,只有几句西班牙语:"我的爱啊,我的心……"

采摘结束的时候,我听到一阵咯咯的笑声和掌声。没想到,我竟然吸引了一群孩子围观,当我发现他们以后,他们害羞地四散开来,继续采咖啡果,或者躲在父母的身后。这些孩子一般七八岁就开始帮忙收获咖啡果实。危地马拉孩子们放假的时间和咖啡收获季一致,这绝不是巧合,虽然其他季节很多农夫也会以其他各种理由不让孩子去上学。

……

大约半小时以后,我摘了半筐咖啡果,估计有12磅,经过去果肉、去黏液和去种衣的处理后,大约还剩2磅咖啡生豆。再经过烘焙,估计会再损失20%左右的重量。即便如此,也够冲泡好几壶上好的咖啡了。对此我感到非常自豪,直到看到我的采摘师傅赫尔曼,他站在比我高超过5英尺的地方,采了约100磅咖啡果,满满一箩筐,他和颜悦色地说我采摘得实在太慢了。

整个咖啡种植园美极了,遍布着绿色的咖啡树,树叶闪闪发光,路边用来防止风蚀的树蕨和丝兰久经时间的洗礼,繁盛茂密,山峦连绵起伏,采摘师傅们的劳动之歌此起彼伏,孩子们的欢笑声不绝于耳,鸟儿叽叽喳喳地叫着,山坡上、泉水旁、溪水边点缀着高大的荫生树。和其他高海拔的咖啡种植区一样,这里的气温常年保持在24℃。

眺望远方,能看到圣马利亚活火山,其他小型的圆锥形火山还冒着烟。1902年,圣地亚哥火山的一侧喷发,奥利弗拉马咖啡种植园上覆盖了1英尺火山灰,所有的鸟禽都未能幸免。此后不久,贝蒂的祖母艾达·汉斯坦写道:"天哪,当时的景象太震撼了,目力所及一片死寂,简直就是一座巨大的墓地。"

> ……
> 　　下午4点,一天的采摘工作结束了,所有人都满载着鼓囊囊的咖啡果,到咖啡加工厂过秤。在危地马拉的其他咖啡种植区,主要的咖啡采摘力量是玛雅印第安人,但在圣马可地区,主要的采摘劳动力则是拉迪诺人,他们是印第安人和西班牙后裔结合的人种。他们个头都很小,也许是因为祖先长期以来的营养不良造成的。很多人穿的都是别人穿过的美国T恤衫,其中一个人的T恤图案是肯尼迪航天中心,看起来和周围很不协调。
> 　　小个子的妇女们背的袋子大得惊人,差不多是她们80磅体重的两倍。有些妇女胸前还用布兜挂着孩子。一位成年的采摘好手每天能摘200多磅咖啡果,可以赚到8美元,大约是危地马拉最低日薪的两倍多。
> 　　危地马拉的贫富差距非常明显。土地分配不均,从事最艰苦劳动的人根本得不到合理的报酬。而且,这种不公源于经济体系,一时间也难以解决,在山区,也没有什么其他可行的作物能够代替咖啡。然而,危地马拉劳工们的满足感和成就感却比美国做同样工作的劳工们要强很多,因为他们更注重传统和家庭生活。
> 　　眼看着采摘工人们把收获的咖啡送到加工厂,我不禁想到,经过加工处理,这些咖啡都被运往几千英里之外的地方,那里的人们可以尽情地享受咖啡带来的味觉美感,但是他们恐怕很难想到危地马拉这些辛苦的采摘工人。然而,在这种情况下,界定那些享受咖啡的人是罪魁祸首,而采摘者是受害者,显然很不公平,因此,我意识到,对这种故事很难简单地妄下结论。
>
> (节选自马克·彭德格拉斯特. 左手咖啡,右手世界[M]. 张瑞,译. 北京:机械工业出版社,2014.)

【教学目标】

1. 知识目标

(1)掌握咖啡的起源地。

(2)了解咖啡的历史及社会价值。

(3)掌握咖啡的加工过程及常见品种。

(4)掌握当今咖啡的流行趋势。

2. 能力目标

(1)能够区分咖啡豆的加工过程及品种。

(2)能够阐述第三波咖啡潮的特点。

【教学重点】

咖啡豆的种类;第三波咖啡潮。

【教学难点】

咖啡豆的加工过程。

第一节 咖啡的历史

一、咖啡起源

非洲是咖啡的起源地(图3-1)。

咖啡起源

图3-1 咖啡果

世界上第一株咖啡树是在非洲之角发现的。当地土著部落经常把咖啡的果实磨碎,再把它与动物脂肪掺在一起揉捏,做成许多球状的丸子。这些土著部落的人将这些咖啡丸子当成珍贵的食物,专供那些即将出征的战士享用。

当时,人们不了解食用咖啡者为什么会表现得亢奋。他们认为这是食用咖啡者所表现出来的宗教狂热,并不知道这是由咖啡的刺激性引起的。人们觉得这种饮料非常神秘,它成了牧师和医生的专用品。有两个故事流传至今,反映了咖啡的发现过程。

(一)埃塞俄比亚牧羊人的故事

埃塞俄比亚人早在五六世纪甚至更早就发现了咖啡果实的妙用。黎巴嫩语言学家浮士德·内罗尼的《不知道睡觉的修道院》中记录了迦勒底牧羊人发现咖啡的故事:牧羊少年卡狄每天都在埃塞俄比亚高原的山间牧羊。他喜欢在黄昏时以尖锐的笛声催促羊群回家。但有一天他吹响笛声时,羊群却无动于衷。卡狄发现羊群食用了一种野生灌木上的红色果实后异常喧闹,像过狂欢节一样。开始,他以为羊群吃了什么有毒的食物,但几个小时以后,羊群开始安静下来,没有一只死掉。后来,卡狄也开始尝试这种红色果实,一尝之后,他也和羊群一样兴奋,倦意全消。这种神奇的红色果实就是我们现在所说的"咖啡"。卡狄把事情告诉了父亲和附近修道院的修士。修士发现,吃了这种神奇的果实之后,静修时那枯燥而漫长的夜晚自己不再瞌睡连连。于是,一传十,十传百,红色果实的神奇功效举国皆知,修士不仅日常食用这种提神食品,还咀嚼咖啡豆,用水煮咖啡喝,咖啡逐渐成为埃塞俄比亚人饮食文化的一部分。埃塞俄比亚人在6世纪统治了也门50年,于是,咖啡也越过红海,传到阿拉伯世界,很快就成为伊斯兰教国家的代表性饮品。

(二)伊斯兰教徒发现说

1258年,因犯罪被族人放逐而浪迹天涯的酋长荷马德流浪到了阿拉伯地区的瓦隆巴,此时他早已饥肠辘辘,连走路的力气都没了。天无绝人之路,正当他坐在树根上休息时,发现一只鸟停在枝头兴奋、悦耳地啼叫着。他仔细观察后才发现,那只鸟是吃了枝头上的果实后才唱出如此美妙的歌声。于是绝处逢生的荷马德立刻摘下了所有的果实,放在锅子里煮了一锅汤,煮熟之后的汤竟散发出浓郁的香味,他喝了之后虽然不能像鸟儿那样飞上枝头歌唱一番,但也消除了身心疲惫的感觉。于是他便采下许多这种神奇的果实,遇到病人便给他们熬成汤来喝,最后由于荷马德四处行善,故乡的人便原谅了他的罪行,让他回到摩卡,并推崇他为圣者。

所有的历史学家似乎都同意咖啡的诞生地为埃塞俄比亚的咖发(Kaffa),关于"咖啡"这个名称的来源也有两种说法,一种说法是源自阿拉伯语"Qahwah",即"植物饮料"的意思;另一种说法是源自希腊语"Kaweh",意思是"力量与热情"。

后来咖啡流传到世界各地,就以其来源地"Kaffa"命名,直到18世纪才正式以"coffee"命名。咖啡树是属山椒科的常绿灌木,日常饮用的咖啡是用咖啡豆配合各种不同的烹煮器具制作出来的,而咖啡豆是咖啡树果实内的果仁,再用适当的烘焙方法烘焙而成的。

二、咖啡在世界上广泛传播

咖啡的种植始于15世纪。几百年的时间里,阿拉伯半岛的也门是世界上唯一的咖啡出产地,市场对咖啡的需求非常旺盛。在也门的摩卡港,当咖啡被装船外运时,往往需用重兵保护。同时,也门也采取种种措施来杜绝咖啡树苗被携带出境。

尽管有许多限制,咖啡树苗也被带到印度并很快落地生根。

当时,在意大利的威尼斯有无数的商船队与来自阿拉伯的商人进行

咖啡的传播过程

香水、茶叶和纺织品交易。这样,咖啡就通过威尼斯传播到了欧洲的广大地区。许多欧洲商人渐渐习惯饮用咖啡。后来,在欧洲许多城市的街头出现了兜售咖啡的小商贩,咖啡在欧洲迅速普及。

对咖啡的强劲需求,为咖啡在原产地以外的其他地区迅速扩展打下了坚实的基础。17世纪,荷兰人将咖啡引到了自己的殖民地印度尼西亚。与此同时,法国人也开始在非洲种植咖啡。时至今日,咖啡已成为地球上仅次于石油的第二大交易品。

(一)咖啡进入亚洲

阿拉伯人没能将咖啡在亚洲传播开来,荷兰人却做到了。在对外殖民的过程中,他们在印度的马拉巴种植咖啡,又在1699年将咖啡带到了现在印度尼西亚爪哇的巴达维亚。荷兰

的殖民地曾一度成为欧洲咖啡的主要供应地。

（二）咖啡进入欧洲

威尼斯商人于1615年首次将咖啡带入了欧洲。1683年，欧洲首家咖啡屋在威尼斯开张，而最著名的还要数1720年在圣马可广场开张的佛罗伦萨咖啡馆，这家咖啡馆至今还生意兴隆。值得一提的是，世界上最大的保险商——伦敦罗依德公司正是由咖啡屋起家的。

（三）咖啡进入美洲

1668年，咖啡作为一种时尚饮品风靡南美洲，咖啡馆也紧跟其后，分别在纽约、费城、波士顿和其他一些北美城市出现。1773年的波士顿倾茶党案就是在一家名为"绿龙"的咖啡馆里策划的。今天著名的华尔街金融区的纽约股票交易所和纽约银行都始于咖啡馆。

咖啡首次在美洲种植是18世纪20年代，荷兰人最先将咖啡传到了中美洲和南美洲。咖啡由荷兰的殖民地传到了法属圭亚那和巴西，后来由英国人带到了牙买加。到1925年，种植咖啡已成为中美洲和南美洲的传统。同年，夏威夷也开始种植咖啡，它是美国唯一的咖啡产地，而夏威夷咖啡也是世界上最好的咖啡之一。如今，巴西已是世界上最大的咖啡生产国，约占全球咖啡产量的30%。北美目前是咖啡消费量最大的地区，在西雅图，"拿铁（Latte）"文化重新演绎了咖啡文化的内涵，将口味独特的风味咖啡、设计精美的咖啡器具与时尚和艺术融合在一起，风靡世界。

（四）咖啡进入中国

据史料记载，1884年，咖啡在中国台湾首次种植成功，从而揭开了咖啡在中国发展的序幕。中国内地最早的咖啡种植则始于云南。在20世纪初，一个法国传教士将第一批咖啡苗带到云南的宾川县平川镇朱苦拉村。在以后的近百年里，咖啡也只是在幅员辽阔的中国"星星点点"地种植。然而，近年来中国咖啡种植和消费的发展越来越为世界所瞩目。麦斯威尔、雀巢、星巴克等国际咖啡公司纷纷在中国设立分公司或工厂，为中国市场提供品种更优、价格更低的产品。

三、咖啡背后的社会价值

咖啡不过是一颗小小的果实，里面有两粒成对生长的种子。从表面上看，埃塞俄比亚雨林中发现的咖啡树只不过是一棵小灌木而已，它长在高高的山坡上。咖啡树的叶子四季常青，呈现富有光泽的椭圆形，和种子一样，富含咖啡因。但咖啡却成就了一个庞大的行业，也是全世界价值最高的农产品之一，咖啡中富含的咖啡因更是全球使用最广泛的精神药品。咖啡已经从非洲原产地走出，在南北回归线之间的平原和山地广泛种植。

全球有1.25亿人以各种形式靠咖啡为生。咖啡农用自己粗糙的手播撒咖啡种子，照料萌生树华盖下的咖啡幼苗，然后把长成的咖啡树移植到山坡上，排列种植，接着修剪、施肥、喷洒杀虫剂、灌溉、收获（图3-2），最后拖着200磅重的咖啡果实，送到加工厂换钱。接着，加工厂的工人们按照复杂的加工流程，去掉咖啡豆外的果肉和黏液，然后再把咖啡豆铺

咖啡的主要产区

开来,晾晒(图3-3)好几天,或者在鼓风机里加热烘干,咖啡豆上的种衣和银皮就会脱落,这就形成了咖啡生豆,包装成袋后,即可运输,行销全球,再进行烘焙、研磨,最后便可冲泡出一杯美味的咖啡饮品。

图3-2 咖啡采摘

图3-3 咖啡晾晒

这些从事重复劳动的工人,虽然他们大部分人的工作环境都景色优美,但平均每天只能赚到3美元。他们大都生活贫困,缺乏最基本的水电、医疗设施,食物匮乏。然而他们生产出来的咖啡却出现在美国、日本和其他发达国家的早餐桌上、办公室里及高消费的咖啡馆里,世界各地的消费者买一杯卡布奇诺的钱通常就是第三世界国家咖啡工人一天的工资。

咖啡给人的味觉体验如诗般美妙,但是咖啡的历史却充满各种争议和政治色彩。在阿拉伯国家和欧洲,咖啡曾被作为煽动革命的始作俑者而遭禁。后来,既有人站出来抨击咖啡是世界上最严重的健康杀手,也有人称赞咖啡是上帝给人类的一种恩惠。透过咖啡,可以看出危地马拉玛雅印第安人的腹地不断被占领,可以看出哥斯达黎加的民主传统,也可以看出荒芜的美国西部逐渐得到开发。乌干达独裁者伊迪·阿明残杀乌干达国民时,乌干达几乎所有的外汇都来源于咖啡,桑地诺民族解放阵线征占了尼加拉瓜独裁者索摩查的咖啡种植园后,才有足够的资金发动革命。

起初,咖啡是精英阶层提神醒脑的药用饮品;后来逐渐成为蓝领阶层休息时的一种时髦的提神饮品;中产阶级主妇们在厨房中讨论家长里短时,也少不了咖啡;咖啡还是热恋情侣浪漫的结合剂,同时也是失去自我的人唯一的苦命伴侣。咖啡馆为人们筹划革命、写诗、做生意、会见友人提供了场所。咖啡成为西方文化中的本质元素，不知不觉地融入很多流行歌曲中。

现代咖啡业产生于19世纪末期。美国南北战争末期，杰贝兹·伯恩斯（Jabez Burns）发明的热气式咖啡烘焙机可有效用于工业咖啡烘焙。公路、电报和流水线的生产方式改变了商品分配和通信方式，报纸、杂志和平版印刷术的发展使大规模的广告宣传成为现实。巴西人疯狂地种植了几千英亩咖啡树，最后导致咖啡价格暴跌，美国的咖啡大亨趁机企图垄断咖啡市场，从此，世界咖啡市场开始了繁荣和萧条交替出现的模式。

20世纪初期，咖啡成为一种重要的消费品，广告遍布全美国。20世纪二三十年代，标准品牌和通用食品这样的跨国公司不断兼并其他大品牌，并借助广播大做广告。20世纪50年代，咖啡成为美国中产阶级的首选饮料。

咖啡业在全世界的经济、政治和社会结构中占据重要角色。一方面，为了满足强势文化国对咖啡的需求，原住民遭到压迫和驱逐，为了出口更多的咖啡，原住民不得不抛弃自己固有的温饱型农业模式，大规模种植咖啡，最后导致过度依赖国外市场、雨林遭到破坏、环境恶化等。另一方面，咖啡又为生活困难的农民家庭提供了必要的经济来源，成为国家工业化和现代化的基础，也是有机作物公平交易的典范，还为候鸟提供了重要的栖息地。

咖啡的传奇故事是一幅惊人的社会全景图，包括文化的冲突与融合、廉价劳动者的悲歌、全国性品牌的兴起，以及第二次世界大战后，随着价格战和优质产品的商品化，最终牺牲了咖啡品质。如今，一次全球范围的咖啡复兴正在显现：小型咖啡烘焙商重拾精致的咖啡混搭艺术，顾客们重新开始欣赏新鲜烘焙、新鲜研磨的现煮咖啡，并且懂得品味世界各地优质咖啡制作而成的浓缩咖啡。越来越多的人购买公平交易咖啡和其他认证咖啡，以引起人们对世界咖啡贸易不公平的关注。

然而，这一切只不过都源于埃塞俄比亚一棵灌木的果实种子而已。

第二节　咖啡豆的加工过程及种类

由于气候的差异，通常北半球的咖啡收获季节从9月份到来年的3月份，南半球则是从4月份到8月份。咖啡豆成熟以后，就可以采摘了。在很多高山斜坡产区，咖啡必须用人工采摘。而在像巴西、澳大利亚、夏威夷等相对平坦的产区可以用机器采摘。在这两种方法中，显然，人工采摘成本更高一些，但这样的好处是，可以保证采摘的都是已经成熟的鲜果，避免采摘到其他的杂物，而且因为咖啡果实的成熟时间不一样，人工可以做到分几次采摘同一棵树，这也是获得高品质咖啡的关键步骤。而机器采摘则会将整棵树的咖啡鲜果不分成熟与否都采摘下来，甚至带着树叶和树枝都会被拽下来，相对来说较为粗糙。

一、咖啡豆的加工过程

所谓咖啡豆的加工过程，是指将成熟的红色果头转变成干燥生豆的

咖啡豆加工过程

过程,粗略分为日晒法、水洗法、湿刨法、蜜处理法、动物体内发酵法等。

(一)日晒法

日晒法是成本最低、最简单、最传统的咖啡豆加工方法(图3-4)。

图3-4　日晒法

加工时,将收获的果实铺在水泥地面、砖地面或者草席上。最理想的是在阳光下,而且要在有规律的间隔时间内用耙子把这些果实耙平,防止发酵。如果下雨或者气温下降,必须把这些果实覆盖起来以防遭到损坏。大约4周后,每颗果实的含水量将下降至大约12%,这时的果实是干的。在巴西,这个阶段的咖啡豆被冠以一个容易混淆的名字:可可(coco)。此时它的表皮变为暗褐色而且易碎,还能听见咖啡豆在果壳里咯咯作响。之后,将晒干的咖啡果实放入碾磨机中去除果皮果肉,直接得到带着银皮的咖啡生豆,再送到加工厂进行后面的分级挑选工作。

该过程需要比表面上看起来更多的技术。因为咖啡豆有可能被干燥过度,如果发生这种情况,这些咖啡豆就很容易在下一阶段去壳时遭到损坏。反之,没有充分干燥的咖啡豆也易受损。接下来就是把这些干燥的果实在地窖里储存一段时间。在此期间,鲜咖啡豆中的水分继续蒸发。另外,易受天气影响,次品豆和异物混入机会较多。

常规的日晒是在地面铺开蒸发水分,地面返潮容易使咖啡发酵,产生类似霉木头的发酵味,或者因为吸收地面各种杂质的味道而产生咖啡风味中最恶劣的"碘味",一旦咖啡豆粘上这两种味道,后续很难通过其他工序进行消除。所以,也就诞生了所谓的"高架棚日晒法"。

非洲产地因为缺乏水资源,因此多盛行此法。

日晒法咖啡豆的典型风味特征:杂味多、果香保持较好、甜度高。

(二)水洗法

1.水洗处理

水洗法过程需要更大的资金投入和更多的精力,但有助于保证咖啡豆的质量,减少损害(图3-5)。水洗法与日晒法最主要的区别是:在水洗法处理过程中,果肉被立即从鲜咖啡豆

图 3-5　去除杂质（浮在水面上较轻的垃圾、树叶、坏豆等）

中分离出来，而不像日晒法那样让其变干。

果肉在分离机中被压碎，果肉与咖啡豆分离（图 3-6、图 3-7）。为了保证咖啡豆的质量，果肉的分离必须在收货后尽可能快地进行，在 12 小时之内是最理想的，但是不能超过 24 小时。因为，若咖啡豆被放置时间过长，果肉就会变得很难与咖啡豆分开了，从而导致不完全分离而可能损坏咖啡豆。因此，水洗法处理过的咖啡豆光泽好，混入异物少，酸味稍好些，但是时间处理不好会产生臭味和特殊的酸味。

图 3-6　分离后的果皮、果肉　　　　图 3-7　去除果皮、果肉后的咖啡豆

用水将与咖啡豆分离的果皮和果肉冲洗掉。下一步骤是最基本的发酵，即利用酵素的作用分离覆盖在内果皮上的滑腻胶浆。咖啡豆被储存在发酵箱内 12～36 小时，所用时间主要是由周围温度、胶浆的厚度和酵素来决定的。当这个过程完成以后，咖啡豆周围的内果皮不再黏滑了，而是有卵石般的手感。

在整个湿处理过程中，质量控制对防止咖啡豆腐烂至关重要，因为即使只有一粒咖啡豆烂掉，都有可能损害全部咖啡豆。基于这个原因，所使用的设备必须天天清洗，以确保进行下一轮加工之前没有留下任何杂质。

2. 咖啡豆晾晒

水洗法处理过程之后，咖啡豆被保存在内果皮壳内，这样内果皮仍然含有大约 15% 的水分。内果皮必须被干燥到含水量大约为12%,此时咖啡豆才处于稳定状态,易于储存。水分含量是相当关键的,如果阿拉比卡咖啡豆被过度干燥,含水量达10%,它们就会失掉原有的蓝绿色,质量也会有所下降。

外覆内果皮的咖啡豆要平铺在水泥地上、石板地上、干燥的桌子上或者盘子上进行干燥,这与日晒法很相似。

较大的种植园或者在雨水可能破坏干燥过程的地方,有时使用干燥机,咖啡豆被放置于空调箱内,干燥的风吹在咖啡豆表面。干燥过程也可以通过太阳照晒来完成,咖啡豆要定时翻一翻,以保证完全干燥,这一过程需要12~15天。最重要的是内果皮不能破裂,如果阳光太强,就必须将咖啡豆遮盖起来。

至此,整个工序完成,咖啡豆就成了众所周知的"羊皮纸咖啡豆"(图3-8)。之后,羊皮纸咖啡豆要被送入专业工厂去壳(图3-9、图3-10),才能最终出口销售。

图3-8 晾晒羊皮纸豆

图3-9 咖啡豆在工厂等待去壳　　图3-10 去壳后的咖啡豆

由于生产咖啡豆的国家需要全年而不是仅仅在大约3个月的收获期出口咖啡豆,所以咖啡豆要在绝对稳定的环境下以"羊皮纸咖啡豆"的形式储存起来。高温是咖啡豆的大敌,而且湿度达到70%时也很容易破坏咖啡豆,基于这个原因,"羊皮纸咖啡豆"一般不储存在生产地的农场里。高地种植的咖啡豆应该储存在与其种植地的海拔相同或相近的地方,因为它们特别易受湿度的影响。在这种环境下,阿拉比卡咖啡豆的存放时间不应该超过12小时,罗布斯塔咖啡豆则可以储存稍长时间。

水洗法处理的咖啡豆优点在于:精致度比较高,基本没有或者很少有瑕疵豆,一般来说,酸质明显、优质、风味干净、明亮。

(三)湿刨法

湿刨法与一般的前期加工处理法不同,水洗、蜜处理、日晒豆的种壳(羊皮纸),一直保留到最后豆体脱水变硬,含水率降到12%,或封存入库经1~3个月熟成后,才磨掉种壳。但湿刨法却在豆体仍然潮湿松软、含水率高达30%~50%时,先刨掉种壳后,再继续晒干,这样只需2~4天即可使咖啡豆脱干到含水率12%~13%。

湿刨法的生产与印度尼西亚当地的气候密切相关,苏门答腊岛气候潮湿,而传统的三大处理方法对于日照条件的要求都比较高。于是,当地咖啡农们因地制宜,发明了独特的湿刨法。

(1)咖啡果去皮,将带壳豆置入装水的大桶或水槽,捞除漂浮于液面的瑕疵带壳豆。

(2)将沉入水底的密实带壳豆稍做清洗,取出放进桶内或塑胶袋内,稍做干体发酵,也就是让种壳表面的果胶糖分发酵增味。基本上,发酵时间越长,酸味越重。发酵时间长短不同,一般仅短短几小时,但也有庄园省略干体发酵阶段,直接暴晒带壳豆,可移除酸味并提高黏稠口感。

(3)带壳豆暴晒1~2天,豆体含水率达30%~50%,豆体仍半硬半软,以刨壳机去掉种壳再晒,加速干燥进程,经过大约两天,含水率降到12%~13%。

湿刨法大大缩短了干燥时间,咖啡豆的发酵期与酸味也因此大为降低,但浓厚度却因此增加,焦糖与果香明显,略带木质与草药味,这就是苏门答腊咖啡经典的"地域之味"。

而湿刨法也因为制作过程中刨掉了种壳而让豆子直接接触空气,咖啡豆遭受霉菌、真菌等污染的概率也大大增加。制作过程中管控失当,就有可能造成咖啡豆乏味或风味低劣,霉豆等瑕疵豆远高于广泛使用的水洗法与日晒法。

(四)蜜处理法

蜜处理法是日晒法的改良方法,与日晒法最主要的差异在于,会在日晒前先去除外果皮与果肉,在保留果胶层的情况下,直接进行日晒。

蜜处理法会在咖啡豆去掉外层果肉后保留黏稠状的果胶层,这一层果胶极为黏滑、糖分很高而且带有酸质,将附有果胶层的咖啡豆曝晒,咖啡农需要频繁翻动咖啡豆以避免发霉,曝晒时间太短不能将果胶层的物质转移到咖啡豆中,时间掌握及水分控制均很重要。

蜜处理法比水洗法及日晒法更耗时麻烦,需要更多的人力和时间成本,之所以要采用这种方法,是与更优良的咖啡出品有关,经过蜜处理法的咖啡豆(图3-11),能保存咖啡熟果的原始甜美风味,酸味和甜味平衡,更为醇正浓厚。

蜜处理法的咖啡豆根据果胶层的保留程度,细分为白蜜、黄蜜、红蜜和黑蜜,20%的称为白蜜、40%的称为黄蜜、60%的称为红蜜、80%的称为黑蜜,其风味也各有不同。

图 3-11 蜜处理咖啡豆

白蜜：在晾晒时咖啡果仅保留了 20% 果肉，薄层晾晒，翻动次数多，晾晒用时短。

黄蜜：在晾晒时咖啡豆保留的残余果肉和果胶量最少。晾晒所需时间较短，一般为 8 天左右，最终加工出的咖啡带壳豆偏黄色。

红蜜：较黄蜜保留了更多的残余果肉和果胶，晾晒所需时间也更长，更多采取遮阴晾晒，避免长时间的太阳直晒，大概需要 12 天。

黑蜜：保留了最多的残余果肉和果胶，需要的晾晒时间也更长，而且适合阴干，不宜直接暴露在阳光下。这是最复杂、难度最高的一种方式，花费成本也最高，但是如果处理好，能够得到最好的醇厚度和丰富口感。

蜜处理法相对于水洗处理法丰富了咖啡风味的独特性及不可预知的复杂变化性，用这种处理方法加工的咖啡豆的酸度要比自然水洗法略高一些，但比水洗法和自然日晒法加工要低很多。哥斯达黎加几乎全部产区都在使用蜜处理法。这种方法也在整个中美洲广为流传。

（五）动物体内发酵法

除了利用上述几种精制方式之外，也有利用生物消化道内的酵素与消化液来进行咖啡生豆处理的，如猫屎咖啡（Kopi Luwak）。

麝香猫（图 3-12）咖啡产于印度尼西亚。传统上的咖啡果实采用水洗法或日晒处理法，除去果皮、果肉和羊皮纸壳，最后取出咖啡豆而成，但麝香猫咖啡却是利用野生动物体内自然发酵的过程制得。

Kopi 是印度尼西亚语，咖啡之意。Luwak 是一种俗称"麝香猫"的树栖野生动物，产于印度尼西亚的苏门答腊、爪哇和苏尔维什岛上。Luwak 属于杂食动物，它们生性孤僻，嗅觉灵敏，浓毛长尾，喜欢夜行，栖息在海拔 2000 米以下的热带雨林、亚热带常绿阔叶林区、山地灌丛或者丘陵、山地、草丛等地。Luwak 喜欢挑选咖啡树中最成熟香甜、饱满多汁的咖啡果实当作食物。而咖啡果实经过它的消化系统，被消化掉的只是果实外表的果肉，那坚硬无比的咖啡原豆随后被 Luwak 的消化系统原封不动地排出体外（图 3-13）。这样的消化过程让

图 3-12　麝香猫（Luwak）

咖啡豆产生了无与伦比的神奇变化，风味趋于独特，味道特别香醇，丰富圆润的香甜口感也是其他咖啡豆所无法比拟的。这是由于 Luwak 的消化系统破坏了咖啡豆中的蛋白质，减少了咖啡中的苦味，增加了圆润口感。

图 3-13　麝香猫排泄出来的咖啡豆

二、咖啡豆的分类

咖啡的品种如以生物学来划分，常被分为阿拉比卡（Arabica）、罗布斯塔（Robusta）和赖比瑞卡（Liberica）三种（图 3-14）。世界上主要饮用的品种为阿拉比卡和罗布斯塔，赖比瑞卡由于产量不多或品质不佳，而常被忽略。

咖啡豆品种

阿拉比卡　　　　罗布斯塔　　　　赖比瑞卡
(Arabica)　　　　(Robusta)　　　　(Liberica)

图 3-14　三种咖啡豆的外观比较

（一）阿拉比卡

阿拉比卡是风味和香气一流的高级咖啡豆。阿拉比卡为原产地埃塞俄比亚的代表性品种，在南非、非洲、亚洲国家等地也有生产，占全世界咖啡产量的70%左右。阿拉比卡对于病虫害的抵抗力较弱，因此高地地区较适于栽培，尤其以1500米以上高地生产的阿拉比卡咖啡豆品质最好，主要用于单品咖啡或精品咖啡。常见的优质咖啡豆，如夏威夷科纳、牙买加蓝山、印度尼西亚曼特宁等，都属于阿拉比卡品种。阿拉比卡生豆有着深色窄长的外观，有甜味、酸味与香气等丰富的味道。

（二）罗布斯塔

罗布斯塔酸味强烈，并有浓烈口感。罗布斯塔的原产地为非洲刚果，占有全世界咖啡产量的30%。"罗布斯塔"一词有"坚韧"的意思。实际上，此种咖啡树不止对病虫害的抵抗力强，在任何土壤都能生存，甚至野生的状态也能生长。因此，在高温地区也能栽种，生长速度快且容易栽培，有着价格低廉的优势，主要用于配豆或是作为速溶咖啡的主原料，咖啡因含量远高于阿拉比卡种，其主要生产国在越南、印度尼西亚、非洲。

罗布斯塔的外观为鼓鼓的椭圆形，生豆带有草绿色和黄色光泽的浅褐色或黄褐色。和阿拉比卡品种相比，味道更香且偏淡，有着酸味不明显及苦味较重的特色。

阿拉比卡与罗布斯塔对比如表3-1、图3-15和图3-16所示。

表3-1　阿拉比卡与罗布斯塔咖啡豆比较

对比项目	阿拉比卡	罗布斯塔
染色体	44条	22条
自然生长高度	4～6m	8～12m
最适年均温度	18～22℃	20～25℃
最适降雨量	1200～2000mm	1500～3000mm
可容忍最大旱季	3个月	1～2个月
最宜种植海拔	900～2100m	200～900m
根部的深度	最多2.5m	最多1.5m
咖啡因比例	1.2%～1.6%	1.7%～4%
占市场产量比例	70%	30%

图3-15　阿拉比卡植株叶片

图3-16　罗布斯塔植株叶片

（三）赖比瑞卡

赖比瑞卡呛骚味重，经济价值不高。赖比瑞卡有点罗布斯塔的特质，其味道通常不太好。栽种不受雨量、气温影响，种于海拔 200 米以下，原产地是利比里亚，分布很广，耐性很强，但质量较差，苦味较重，香气不佳，故不被重视，栽种量最少，仅占全球产量的 1%～2%。

三、常见的咖啡豆品种

咖啡绝大多数以地名、国名来命名，比如夏威夷的科纳（Kona）咖啡。科纳是夏威夷主岛上的一座山，山上的咖啡园种植的咖啡就叫科纳咖啡。闻名世界的蓝山咖啡也是因其所在的山而得名，摩卡咖啡也同样是以地名命名。

咖啡豆的常见品种

（一）巴西咖啡

巴西是世界上最大的咖啡生产国（图 3-17），巴西咖啡（Brazilian Coffee）产量占全球总产量的 30% 以上，故一般咖啡均冠以巴西之名，以显示其品质不俗。虽然巴西所面临的天然灾害比其他地区高上数倍，但其可种植的面积已经足以弥补天灾造成的损失。这里的咖啡种类繁多，但其工业政策为大量生产、廉价销售，因此特优等的咖啡并不多，但却是用来混合其他咖啡的好选择。其中最出名的就是山度士（Santos）咖啡，它的口感香醇，中性，可以直接煮，也可以和其他种类的咖啡豆相混合成综合咖啡。

图 3-17　巴西咖啡农场

（二）蓝山咖啡

蓝山咖啡（Jamaican Blue Mountain）产自牙买加，香味十分浓郁、均衡，有持久的水果味。横贯牙买加高达 2100 米的蓝山山脉，天气凉爽、多雾、降雨频繁，富饶的土地雨水调和，为咖啡生长提供了得天独厚的理想条件。优质、新鲜的蓝山咖啡风味特别持久，令人回味无穷。

真正的蓝山咖啡（图 3-18）是世界上种植条件最优越的咖啡之一，人们一直都认为它是世界上最贵的咖啡。但近年来，由于当地风灾、虫害频繁，水洗处理厂品质管理松动等原因，蓝山咖啡品质每况愈下，问题频出，曾经幽香清甜的蓝山味已成为越来越远的记忆。

图 3-18　牙买加蓝山咖啡

【阅读资料 3-1】

蓝山咖啡

1717 年,法国国王路易十五下令在牙买加种植咖啡。几年后,牙买加总督尼古拉斯·劳伊斯爵士(Nicholas Lawes)从马提尼克岛(Martinique)进口阿拉比卡的种子,并开始在圣安德鲁(St. Andrew)地区推广种植。直到今天,圣安德鲁地区仍然是牙买加蓝山咖啡的三大产区之一,另外两个产区分别是:波特兰产区(Portland)和圣托马斯(St. Thomas)产区。1932 年,牙买加咖啡生产达到高峰,收获的咖啡多达 1.5 万吨。

牙买加政府于 1950 年设立了牙买加咖啡工业委员会,该委员会为牙买加咖啡制定质量标准,并监督质量标准的执行,以确保牙买加咖啡的品质。该委员会对牙买加出口的生咖啡和烘焙咖啡颁予特制官印,是世界上最高级别的国家咖啡机构。

牙买加的天气、地质结构和地势共同为蓝山咖啡提供了理想的条件。贯穿牙买加的山脊一直延伸至小岛东部,蓝山山脉高达 2100 米以上。天气凉爽,多雾,降水频繁,使得这方沃土雨水调和。在这里,人们使用混合种植法种植咖啡树,使之在梯田里与香蕉树和鳄梨树相依相伴。但即使是这个地区最大的庄园主,按国际标准来算,也属于小规模种植,其中许多的庄园主小土地拥有者,他们的家族已经劳作了两个世纪。牙买加的咖啡业面临着一系列的问题,如飓风的影响、劳动费用的增加和梯田难以进行机械化作业等。许多小庄园和农场很难合理化种植。

牙买加咖啡年产量维持在 1200~2400 吨,但正宗蓝山只有 600~1000 吨,产量不高。此外,由于日本始终投资牙买加咖啡业,90% 的蓝山咖啡大都为日本人所掌握,世界其他地方只能获得剩余的 10%。因此蓝山今日的高身价,并不是因为它有多香醇,味谱有多华丽,充其量只是反映出其产量稀、成本高的残酷现实,牙买加咖啡农与水洗处理厂并未因蓝山咖啡昂贵而赚到翻,至今仍惨淡经营。

(三)瑰夏咖啡

瑰夏(Geisha)的英文发音与日文的艺伎同音,所以又名艺伎咖啡。这款咖啡豆于1931年在埃塞俄比亚的瑰夏森林里被发现,之后被送到肯尼亚咖啡研究所,1936年引进到乌干达和坦桑尼亚,1953年引进哥斯达黎加。20世纪70年代,巴拿马由洞巴七农园的弗朗西可·塞拉新先生从哥斯达黎加分到种子然后开始种植瑰夏咖啡。自2004年起,瑰夏咖啡多次获得巴拿马及国际各类咖啡豆杯测赛冠军。

瑰夏具有柠檬柑橘系香气和超甜的蜂蜜奶油味,在世界很多地区都有种植,是精品咖啡中的新王者。其中,以巴拿马、危地马拉、哥伦比亚等拉美国家的品质比较高,价格也贵。

【阅读资料 3-2】

巴拿马翡翠庄园

早年对于顶级咖啡的认定多是跟着日本走,而瑰夏挟着飓风般的威力席卷咖啡界,这场咖啡革命来势汹汹,让原本占据咖啡王国宝座已久的一王一后——牙买加蓝山、夏威夷科纳也得退避三舍。此原生于埃塞俄比亚的野生品种,在经历无数场战役后,现已遍植于各大咖啡产地,而其最佳代言人,则是来自巴拿马的翡翠(La Esmeralda)庄园(图3-19、图3-20),瑰夏咖啡是瑰夏品种中最有名的咖啡。

图3-19 巴拿马翡翠庄园

1964年,瑞典裔的美国金融家鲁道夫·彼得森(Rudolph A. Peterson)退休,移民巴拿马,并买下翡翠庄园,以乳业为主。

他的儿子普莱斯·彼得森(Price Peterson)在美国取得神经化学博士学位后,放弃高薪职务,于1973年从加利福尼亚搬迁到巴拿马,继承经营父亲的庄园。1987年,庄园大部分土地改为种植咖啡。1994年,为了创立品牌投资购买了精制咖啡的机械设备,普莱斯·彼得森先生和夫人苏珊在咖啡庄园走上正轨经营的同时,也养育了三个孩子。

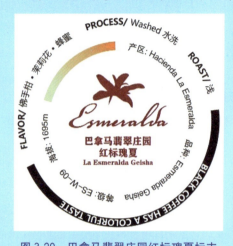

图 3-20　巴拿马翡翠庄园红标瑰夏标志

1996年,普莱斯·彼得森和三儿子丹尼尔·彼得森(Daniel Peterson,1974年出生于巴拿马)到波凯蝶(Boquete)溪谷的哈拉米琼(Jaramillo)地区有一个正在出售的庄园访问,被这美丽的农园所吸引而立刻将它买下。三儿子丹尼尔·彼得森先生就在这个庄园种出了世界瞩目的咖啡——瑰夏咖啡!

巴拿马瑰夏生长于海拔1500~1650米,独特的生长环境造就了它的独特风味。

(1) 干香:茶香、花香(玉兰花、郁金香)香草植物、奶香、黑糖甜、高级香槟且香气上扬。

(2) 湿香:杏桃、焦糖、奶香、花香。

(3) 啜吸:油质感佳,细致的梨山特等茶感,高级白酒涩,但随即转成细腻滑顺的醇度充满口腔。

(4) 莓果糖果及香料交错并伴随花香涌出,余韵充满花香,果甜及醇度相当持久,温度越低,酸质越细腻。

翡翠庄园的瑰夏在网络公开竞标上多次创下最高竞标记录,分别是:2004年的21美元,2006年的50.25美元,2007年的130美元,2010年的180.2美元,2013年的350.25美元。2017年,更是在巴拿马"Best of Panama"国际拍卖会上创下每磅602美元高价,同年9月又在Ninety Plus Auction创下每千克5000.1美元新天价。

翡翠庄园的辉煌经历:巴拿马最高等级咖啡排名2004年、2005年、2006年、2007年连续4年第一位。美国精品咖啡协会(SCAA)世界咖啡杯测排名2005年、2006年、2007年连续3年第一位。热带雨林保护团体咖啡品质杯测排名2004年、2006年、2007年第一位。

（四）曼特宁咖啡

曼特宁咖啡（Mandheling）产于印度尼西亚的苏门答腊，别称"苏门答腊咖啡"。曼特宁是生长在海拔 750～1500 米高原山地的上等咖啡豆（图 3-21），其风味非常浓郁、甘香、纯苦、醇厚，带有少许的甜味和微酸，喝后有悠长的回味和余韵。一般咖啡爱好者大都单品饮用，但也是调配混合咖啡不可或缺的品种。日本最大的咖啡公司 UCC 上岛咖啡在 1995 年与苏门答腊的著名咖啡商 PT Gunung Lintong 合作经营他们在亚洲的第一个咖啡种植场，由此可见曼特宁在咖啡领域中的地位。

图 3-21　曼特宁咖啡豆

（五）耶加雪啡

耶加雪啡（Yirgacheffe）是座小镇，海拔 1700～2100 米，也是埃塞俄比亚精品豆的代名词。这里自古是块湿地，古语"耶加"（yirga）意指"安顿下来"，"雪啡"（cheffe）意指"湿地"，因此"耶加雪啡"意指"让我们在这块湿地安身立命"。它是埃塞俄比亚平均海拔最高的咖啡产区之一。

传统上，耶加雪啡采用最古老的日晒法（图 3-22、图 3-23）。但 1972 年，埃塞俄比亚为了提高品质而引进中南美的水洗技术，使得耶加雪啡的茉莉花香与柑橘香更为清澈脱俗，一跃成为世界精品豆的绝品，精湛的水洗技术功不可没。目前，耶加雪啡皆采用水洗法，但也有少量绝品豆刻意以日晒为之，增强迷人的果香味与醇厚度。

图 3-22　耶加雪啡（左）与瑰夏（右）外观对比

图 3-23　耶加雪啡日晒豆

咖啡树多半栽种在农民自家后院或与农田其他作物混种，每户产量不多，是典型的田园咖啡。这些山间小村雾气弥漫，四季如春，夏天微风徐徐，凉而不热，雨而不潮，冬季也不致寒害，孕育出独有的柑橘与花香的"地域之味"。

所谓的"耶加雪啡味"，是指浓郁的茉莉花香、柠檬及桃子、杏仁甜香和茶香。

第三节　咖啡文化的演变历程

当前，越来越多的大城市兴起无糖无奶的黑咖啡美学风，咖啡馆不再是浓缩咖啡与拿铁独霸天下。各大都会咖啡吧台的浓缩咖啡机旁，亮出喧宾夺主的手冲与虹吸壶，电热卤素灯、瓦斯喷灯、美式滤泡壶 Chemex、日式手冲壶 Hario Buono、日式锥状滤杯 Hario V60、日本 Kalita Copper 900、台制手冲壶 Tiamo 与台式聪明滤杯 Clever Dripper，争奇斗艳。这就是第三波现象，传统滤泡黑咖啡复兴，意大利浓缩咖啡式微。千禧年后，咖啡迷追求的不是浓到口麻、酸到噘嘴、苦到咬喉、涩到口干的味谱，而是返璞归真，慢工出细活，回归更温和自然、无外力干扰的滤泡式萃取法，让咖啡细腻雅致的"地域之味"（Terroir）自吐芬芳，如同葡萄酒酿造业转向更天然、无外力施加的酿造法，只求忠实呈现水土与气候浑然天成的味谱。

"第三波"是全球化咖啡现象，也是精品咖啡再进化的新里程。而"第三波"是如何形成的？既然咖啡时尚已进化到"第三波"，那么"第一波"与"第二波"又是如何界定的？韩怀宗在《精品咖啡学》中将咖啡文化的发展过程分成以下三个发展阶段。

一、第一波（1940—1960）：咖啡速食化

（一）咖啡销量剧增

第一波在第二次世界大战前后，也就是速溶咖啡与罗布斯塔盛行的年代，品质不佳，但却带动了咖啡的消费量。

咖啡的演变历程

在1940—1960年的20年间,战争带动了咖啡的庞大需求。欧美国防部的军粮均配有研磨或速溶咖啡,提升士兵的精神与耐力。以美国为例,战争期间每月采购14万袋咖啡,是平时的10倍。每名官兵每年14.7千克的咖啡供应量,让原本不喝咖啡的官兵在战场染上咖啡瘾。另外,美国为稳住战争期间拉丁美洲的经济,以较高价格收购咖啡,并鼓励美国人多喝咖啡。1941年,美国人均喝下7.5千克咖啡,创下咖啡消费量纪录。1946年大战结束,美国每人平均咖啡消耗量达到9千克的空前纪录。

然而,此时期的欧美咖啡工业却是建筑在有量无质的基础上,咖啡被视为大宗商品,虽然产量很大,但品质却都一样,无好坏之分,如同大豆、玉米、小麦、可可、棉花、石油和矿产一般。为了规避咖啡行情波动的风险,咖啡期货交易所早在19世纪末就已运作,风味较温和的阿拉比卡在纽约交易,风味较粗俗的罗布斯塔在伦敦交易。

(二)速溶咖啡盛行

第二次世界大战后,速溶咖啡的制作技术发展成熟,在战场染上咖啡瘾、解甲归乡的官兵成了战后速溶咖啡的庞大消费群体。雀巢、麦斯威尔、席尔兄弟争夺市场份额,广告战令人莞尔:"创世纪新发现,这不是研磨咖啡粉,而是数百万个咖啡风味小苞,瞬间释放无限香醇,直到最后一滴"或"速溶咖啡适合每人浓淡不同的偏好,无须再为清洗咖啡冲泡器材伤脑筋,也省下磨豆的麻烦"。美国人喜欢新奇又便捷的事物,只要节省时间少麻烦的商品,战后均受欢迎,速溶咖啡生逢其时。

但速溶咖啡是萃取过度的咖啡,生产者想尽办法榨出咖啡豆所有的水溶性成分,从最初每6磅咖啡豆制造1磅速溶咖啡,发展到4磅生豆压榨出1磅速溶咖啡,就连不溶于水的木质纤维和淀粉,也可利用水解技术转化成水溶性碳水化合物,使得速溶咖啡更苦涩,因此在饮用时必须添加糖包、奶精才可以。

(三)罗布斯塔当道

速溶咖啡从业者为了压低成本,大量使用风味低劣的罗布斯塔咖啡豆。速溶咖啡的技术与罗布斯塔结合,虽然压低售价,冲高销售量,却使战后的咖啡品位进入黑暗期。美国是最大的速溶咖啡市场,欧洲则以雀巢的故乡瑞士和英国较能接受速溶咖啡,至于德国、意大利、奥地利和法国,这些比较挑嘴的咖啡文化大国,则唾弃速溶咖啡,仍以研磨咖啡为主。

美国人之所以能够接受走味咖啡,与军方密不可分。第一、二次世界大战期间,美国基于政治考量,大肆采购拉丁美洲所产的咖啡,多半是劣质巴西豆。烘焙磨粉后,随便打包送到各单位时,已经是数周甚至数月以后的走味咖啡。但这些走味咖啡却稳住了拉丁美洲的经济,也提高了美国官兵的士气,一举多得。

(四)喝劣质咖啡的习惯养成

除了新鲜度有问题外,当时美国军方冲泡咖啡的浓淡标准也不符合专业规范。美式滤泡咖啡最适口的浓度,粉与水的比率为(1∶20)~(1∶15),也就是每198~240克咖啡粉,配3780毫升水。但美国军方标准为每142克咖啡粉配3780毫升水,粉与水比率被稀释到 1∶27。此外,还规定咖啡渣务必留到下一餐再泡一次,第二泡只需再加 85 克咖啡粉即可。

军方节省开支无可厚非,但美国官兵在军中所喝的咖啡,不是过度萃取的速溶咖啡,就是过度稀释的走味淡咖啡,因而他们养成了喝劣质咖啡的习惯,只要有咖啡因就好。

二、第二波(1966—2000):咖啡精品化

(一)欧洲人提升美国人的咖啡品位

欧洲人早在 18、19 世纪,于印度、印度尼西亚、波旁岛、加勒比海的安的列斯群岛(古巴、牙买加、多米尼加、波多黎各、马提尼克)和中南美洲殖民地抢种咖啡。20 世纪初,德国、荷兰、法国和英国,分别掌控危地马拉、印度尼西亚、波旁岛、牙买加和哥斯达黎加的咖啡庄园,顶级阿拉比卡咖啡豆源源不断地输往欧洲。因此,欧洲人对好咖啡的优雅风味知之甚详。而美国并无在殖民地大量栽植阿拉比卡的经验,向来视咖啡为大宗物资,成为劣质巴西豆与罗布斯塔的最大市场。

精品咖啡教父荷兰裔艾佛瑞·毕特(Alfred Peet)认为半生不熟的浅烘焙和中度或中深度烘焙的咖啡,难以呈现顶级咖啡醇厚甘甜的本质。另外,他喜欢用法式滤压壶,以一般美式淡咖啡的两倍咖啡量来冲泡,每天在店内(图 3-24)教育美国人品尝欧式重焙的香醇,不需加糖和奶精就能喝得到饱满的滋味与天然的甘甜。

图 3-24　艾佛瑞·毕特的咖啡店

(二)重焙咖啡唤醒美国人的味蕾

艾佛瑞·毕特的咖啡店内有一台每炉 25 千克的德制烘焙机,每天新鲜烘焙,重焙豆冲泡的咖啡免费试喝,吸引了大批尝鲜客进门。对喝惯速溶和罐装咖啡的美国人而言,欧式新鲜重烘焙豆,入口爆香甘甜的浑厚口感,犹如经历一场味觉地震。

杰瑞·鲍德温(Jerry Baldwin)、戈登·波克(Gordon Bowker)和吉夫·席格(Zev Sieg)

三人在毕特的咖啡店里学成后,于1971年在西雅图的派克市场开了星巴克咖啡,成了星巴克创业三元老。早期,星巴克仿造毕特只卖重烘焙咖啡豆,不卖饮料,并以法式滤压壶冲泡的经营模式,在西雅图一炮走红。自此,毕特的重焙美学辐射扩散至全美。咖啡业界也尊封毕特为精品咖啡"第二波"代表人物。

(三)美国精品咖啡协会成立

1974年,挪威裔娥娜·努森(Erna Knutsen)女士首次提出"精品咖啡"(Specialty Coffee)一词,即强调各产地咖啡因海拔、水土、气候与栽种用心度的不同,而呈现出不同的"地域之味"。1982年,美国精品咖啡协会(SCAA)成立。与此同时,星巴克发展迅速,点燃咖啡馆时尚,进一步促进了精品咖啡第二波的发展。

星巴克由最开始只卖熟豆不卖饮料的模式,到现在引进意大利浓缩咖啡及绵密奶沫调制的拿铁和卡布奇诺,转型为时尚咖啡馆,并打造为"家与办公室以外的第三个好去处"。绿色美人鱼标志攻占全球各大都会,以重焙豆做的拿铁与卡布奇诺随着星巴克的发展,成为第二波的典型饮品。被意大利视为国粹的Espresso、Caffè Latte、Cappuccino与浓缩咖啡机,沉寂了数十年,直到1990年以后,才由星巴克发扬光大,推广到全球(图3-25),成为咖啡消费史上最大的惊叹号。

图3-25　2017年12月6日,星巴克"上海烘焙工坊"正式开门迎客

三、第三波(2003年至今):咖啡美学化

(一)第三波咖啡潮的出现

从第二波咖啡潮开始,人们对咖啡的质量越来越关注,促使了第三波咖啡潮的出现。1998年以前,咖啡馆对于咖啡的烘焙及冲煮非常专注(图3-26),当时他们普遍认为烘焙和冲煮是咖啡好坏的决定性要素。2000年之后,随着杯测次数的增多,人们发现咖啡生豆的质量也会对咖啡的好坏产生重要影响。咖啡从业者深入咖啡豆产区,发现种植品种、种植过

程、分级、采摘、存放等各个环节都会严重影响咖啡品质。从业者通过与咖啡农的合作重塑上游咖啡豆的生产环节,并通过透明化的交易合约,以杯测分数作为采购定价依据,直接与农民进行咖啡豆采购,从而使得在改善咖啡农生计之余,整个咖啡产业链也能有更好的发展,让下游的消费者能喝到质量更好的咖啡。

图 3-26 滤泡式黑咖啡

(二)第三波咖啡潮的特点

千禧年后出现的第三波咖啡潮的具体特点表现如下。

1. 重视地域之味

在第二波咖啡潮中,人们习惯以生产国来描述咖啡风味,而同一生产国却有数十个咖啡品种及不同气候与水土环境,仅以生产国来论述咖啡风味不免笼统粗糙、不专业。第三波改以更明确的产区、庄园、纬度、海拔、处理法、微型气候和品种,来论述不同的地域之味,重视咖啡品种与水土的相关知识。

2. 避重焙就浅焙

为呈现各庄园不同水土与品种的"地域之味",第三波咖啡豆的烘焙度也从重焙修正为浅焙、中焙或中深焙,很少烘到二爆密集阶段,最多点到二爆就出炉,甚至更早,以免碳化过度,掩盖地域之味,从而诠释出精品豆明亮活泼的酸香水果调。

3. 重视低污染处理法

为了减少河川污染,第三波咖啡潮不再墨守水洗豆较优的陈规,改良不需耗水的处理法,日晒法、半水洗法、蜜处理法和湿刨法较为流行,不但扩大了咖啡味谱的多样性,更可以保护环境,实现可持续发展。

4. 滤泡黑咖啡成为主流

以浓缩咖啡为底,添加鲜奶与奶泡的拿铁、卡布奇诺等意式咖啡是第二波主力饮料,但第三波咖啡潮大力推广不加糖添奶的原味黑咖啡,采用日式、欧式、美式手冲、虹吸壶或台式聪明滤杯,这些曾被视为粗俗的滤泡式冲具,却是最自然、无外力干扰的萃取法,从而展示出咖啡本真的味道。

5. 产地直送烘焙厂

第二波大力推广的公平交易制度弊端丛生,咖啡农仍然会遭到中间商的剥削。第三波的烘焙师改为直接交易,远赴各地寻觅好豆,协助农民了解精品市场对品质的要求,进而提高质量,以更好的售价直接卖给烘焙商,也可避免中间商盘剥,增加农民收益,形成产地与消费国的良性互动,烘焙师与咖啡农的关系更加紧密。

6. 诠释咖啡美学

第二波咖啡人习惯以主观的经验法则来描述咖啡的萃取、烘焙、栽培与处理,但第三波则辅以更精准的科学研究数据来诠释咖啡产业,咖啡品种的蔗糖、有机酸、芳香成分的含量均有科学数据作比较;烘焙与萃取的化学变化,也用科学理论来解释;就连抽象的咖啡浓度也以具体的数据呈现。将咖啡上、中、下游视为一门美学来研究,重视选种、栽培、处理、杯测、烘焙、萃取、浓度与萃出率的科学研究。

四、第三波咖啡潮的主要代表企业

(一)蓝瓶咖啡

蓝瓶咖啡(Blue Bottle Coffee)被称为手工咖啡馆的商业化标杆,从一个市集的小推车拓展到全球 26 家店,被称为咖啡界的"苹果",而它的创始人詹姆斯·费里曼也被称为"咖啡界的乔布斯"。

蓝瓶咖啡被认为是最有可能挑战星巴克霸主地位的"独角兽"(图 3-27～图 3-30)。

图 3-27　蓝瓶咖啡标志

图 3-28　蓝瓶咖啡

图 3-29　蓝瓶咖啡馆(1)

图 3-30　蓝瓶咖啡馆(2)

（二）知识分子咖啡

知识分子咖啡（Intelligentsia Coffee & Tea）明确提出咖啡就像红酒一样，每个地方、每个产区的咖啡，最终都有本质的区别，"产区是万味之母"，所以要像品红酒一样品咖啡。1995—2010年，知识分子咖啡在洛杉矶、芝加哥、纽约等地一共开了六家店、两个工厂，还开了一所咖啡学校（图3-31、图3-32）。

图3-31　知识分子咖啡标志

图3-32　知识分子咖啡馆

知识分子咖啡洛杉矶分店就开在星巴克的边上，明确提出口号："不怕星巴克的存在，就怕咖啡不如人。"

（三）树墩城

1999年，树墩城（Stumptown Coffee Rosters）创办于美国俄勒冈州波特兰市，是美国最著名的精品咖啡烘焙商之一，被称作"波特兰咖啡产业的变革者"和"咖啡饮用者的味蕾精炼人"（图3-33）。其创始人杜安（Duane Sorenson）花费大量的时间寻访各咖啡生豆产区，与咖啡农建立长久友好的合作关系，常以高出公平贸易3～4倍的价格购买优质生豆，曾经创出生豆最高采购价纪录。树墩城咖啡烘焙商和杜安本人被誉为"第三波咖啡"的引领人。

图3-33　树墩城

（四）反文化咖啡

反文化咖啡（Counter Culture Coffee）成立于1995年，主要业务为熟豆零售、批发及咖啡教学(图3-34)。培训内容涉及咖啡萃取理论、咖啡师初级班、竞赛班、打奶泡化学、咖啡贸易史、品种、处理法、杯测等。其热卖的熟豆多达20~30种，综合豆有十几款，最有名的是46号综合咖啡，滤泡浓缩两相宜。

图3-34　反文化咖啡

【课外阅读3-3】

关于咖啡的节令性

咖啡一年四季都喝得到，何来节令性问题？这就是第三波与前两波的不同之处。对于第三波信徒而言，咖啡和水果一样，有其节令产期问题。然而，全球三大洲至少有60个国家产咖啡，南北半球的产季时节不尽相同，增加了此问题的复杂性。咖啡迷多用点心，即可掌握各产地的节令，更易买到盛产期的鲜豆。

咖啡产区的雨季始于何时攸关收获时间，雨季促使咖啡树开花结果，约6~9个月，咖啡果成熟转红，即可采果去皮，水洗发酵、半水洗或日晒处理(带壳含水率12%)，即可入仓进行1~3个月的熟成，最后磨掉种壳，即可出口。

换言之，采果收成后，至少要再花2~3个月，完成烦琐的后制加工后，才可输出咖啡豆。一般而言，北半球中美洲产区或印度尼西亚的亚齐，在每年2—3月是最繁忙的收成与后制期，因此，当令豆约在每年5—10月可运抵消费国；南半球的巴西每年6—7月是最忙的收获与后制期，当令豆则在9月至隔年4月可运抵。因此，北半球消费国在冬季至初春一般不易在中美洲买到当令豆，因为正在收成和后制，但同期却可以在巴西或非洲买到当令鲜豆。另外，产国如果跨越赤道，产区分布在南北半球，如哥伦比亚、肯尼亚和印度尼西亚等，因南北半球雨季不同，会有两个收成期，即四季均有鲜豆出口。

第三波烘焙业者很重视咖啡的节令，比如每年5—10月，主打当令的哥斯达黎加、危地马拉、萨尔瓦多、巴拿马和洪都拉斯等中美洲咖啡或印度尼西亚苏门答腊和亚齐咖啡。但到了9月至隔年4月间，则主打巴西当令豆。

(选自韩怀宗. 精品咖啡学(上)：浅焙、单品、庄园豆，第三波精品咖啡大百科[M]. 北京：中国戏剧出版社，2012.)

【课后思考】

1. 咖啡的起源地是哪里？

2. 如果说葡萄酒是"穷的地方种，富的地方喝"，那么咖啡应该是什么样的地方种，什么样的地方喝？

3. 第三波咖啡潮的主要特点是什么？

【项目作业】

在实训中心咖啡厅分别准备好速溶、拿铁、手冲三款咖啡，同学认真品饮后投票选出最受欢迎的咖啡，深入分析某款咖啡受欢迎的原因并完成一份调研报告。

第四章

欧洲瓷器

喜欢精致的生活态度，而非单纯的奢侈。

在生活的法则里，品位重于一切；在舌尖的法则里，风味重于一切。当精致生活与舌尖文化完美邂逅，一件件精制的瓷器餐具，便能为舌尖上的美味增添一份乐趣，更何况古人云："美食不如美器。"

所以，生活在离不开柴米油盐酱醋茶的同时，也需有情怀和品位点缀其中。瓷器便成为这细水长流般的浪漫载体，传递出一种生活美学。

【课前导入】

瓷器是中国（China）的代名词，发源于中国，也是中国古代工艺与文明的象征。这项蕴含着复杂而精微技艺的工艺品曾为中国人所独有。然而时至今日，国际高端市场几乎被欧洲瓷器所垄断，从学会烧瓷到自主烧制奢侈品级别的奢华瓷器，瓷器从中国到欧洲都经历了怎样的故事？

汉语中，"陶瓷"一词足以体现出陶与瓷密切的关系。通常把胎体没有致密烧结的黏土和瓷石制品统称为"陶器"。陶器历史悠久，在新石器时代就已初见简单粗糙的陶器。陶器的发明是人类最早利用化学变化改变天然性质的开端，是人类社会由旧石器时代发展到新石器时代的标志之一。

在陶器的基础上，再经高温烧制，胎体烧结程度较为致密、釉色品质优良的黏土或瓷石制品称为"瓷器"。中国是瓷器的故乡，瓷器是中国古代劳动人民的一个重要创造。众所周知，中国的英文"China"就是"瓷器"的意思，充分说明中国瓷器的精美绝伦成了中国古代技艺的完美代表。

中国制瓷的历史可以追溯到公元前16世纪的商朝，但由于胎体和釉层的烧制工艺都显粗糙，所以被称为"原始瓷"。到了唐朝，唐三彩的出现成为中国陶瓷史上浓墨重彩的一笔，唐三彩在中国文化中占有重要的历史地位。其实严格来说，唐三彩属于陶器，但由于烧制时会产生一层薄釉，使它具有了瓷器的光泽，可以说是陶与瓷之间的过渡产品。

制瓷发展到宋代已经非常成熟了，当时有汝窑、官窑、哥窑、钧窑和定窑五大名窑。到了元朝，景德镇出产的青花瓷就成了制瓷工艺最为登峰造极的代表。青花瓷釉质透明如水，胎体质薄轻巧，素雅清新，一经问世便风靡一时，成为景德镇的传统名瓷之冠。

元朝时，马可·波罗从中国带回欧洲第一只瓷瓶，此后的四百年间，瓷器在欧洲引发了疯狂的痴迷和收藏热。瓷器在当时被称作"白色的金子"，成了中国最神秘的一种技艺。当时的欧洲上至王侯贵族，下至传教士、炼金师、商人或冒险家，人人竞相想方设法获取制瓷的秘方。

青花瓷烧制技艺到清朝康熙年间发展到了顶峰。同时，欧洲对瓷器烧制方法的好奇心也达到了顶峰，而法国尤甚。康熙年间，大批法国天主教耶稣会士来到中国，有的以传教名义进入宫廷寻找蛛丝马迹，更多的直接跑到景德镇当起了商业间谍。法王路易十四更是曾给康熙写亲笔信，自称"您最亲爱之好友"，但他也并未得到烧制瓷器的方法。

第四章　欧洲瓷器

> 有着"17世纪的亚里士多德"之称的莱布尼茨除了对哲学和数学感兴趣之外,"中国研究"成了他最主要的副业。他甚至把自己塑造成了关于中国知识的守门人:他自称了解孔子、了解《易经》,甚至了解汉字,可他终究还是不知道如何制瓷。而直到1708年,欧洲才终于在德国出现了第一家瓷器制造厂,中国对瓷器的垄断宣告结束。

【教学目标】

1. 知识目标
(1) 了解欧洲瓷器发展史。
(2) 掌握骨瓷的特性。
(3) 掌握欧洲著名骨瓷品牌。

2. 能力目标
(1) 能够区分著名骨瓷品牌。
(2) 能够初步鉴别骨瓷。

【教学重点】

欧洲著名骨瓷品牌;骨瓷特性。

【教学难点】

中西瓷器发展史比较。

第一节　欧洲瓷器的发展史

一、欧洲早期的仿制

欧洲早在新石器时代就已经开始制作陶器,但直到中世纪,欧洲的陶瓷业仍停留在炻器阶段。16世纪,景德镇外销瓷的出现引发了欧洲人对瓷器的狂热,欧洲各国才开始纷纷仿制瓷器,想要破解瓷器烧制的秘密。

东西方瓷器对比

早在16世纪70年代,佛罗伦萨大公佛朗西斯科一世(Francesco de' Medici)就决定研制瓷器,并成功造出了欧洲第一批"瓷器"——"美第奇瓷器"(Medici Porcelain,1675—1687)。瓷胎配方大致包括维琴察黏土和法恩扎白土加玻璃、粉末状岩晶、白沙。限于当时意大利的烧成工艺,"美第奇瓷器"的素烧温度只有1100℃左右,釉烧温度约900~950℃。"美第奇瓷器"是欧洲生产的第一代软质瓷器,其生产规模有限,目前存世约六七十件。"美第奇瓷器"的造型元素丰富,混合了中国瓷器、比萨陶器和本地玛加利卡陶器等多种风格。在16世纪意大利,除威尼斯、佛罗伦萨、费拉拉、比萨等北部城市以外,南部许多地方也在仿制中国瓷器。但由于胎土配方、烧成工艺等方面的差距,这些"瓷器"与瓷质细腻坚硬的中国瓷器相去甚远。

17世纪,荷兰人成为欧洲瓷器贸易的霸主。早在16世纪后期,荷兰人就曾输入中国瓷土,在代尔夫特(Delft)试制瓷器。但由于没有熟练掌握瓷胎配方和烧造工艺,一直未获成功。另外,品质优良的中国瓷器货源充足,荷兰人从贸易中可获得巨大利益,因此对仿制瓷器也没有十分迫切的需求,加上代尔夫特生产的青花锡釉陶得到了市场认同,进一步削弱了荷兰研制瓷器的欲望。1664年,法国曾有人宣称成功仿制出瓷器,而这种"瓷器"只是代尔夫特锡釉陶的仿品而已。1673年,一位陶工成功烧制出软质瓷,获得了为期30年仿制中国瓷器和代尔夫特陶的专利权。其配方主要包括石英、明矾加硝酸钾、苏打等。由于配方中缺少高岭土,其烧成温度较低,只有1100℃左右。当时法国的工匠和化学家在贵族的资助下大量仿制瓷器,但直到17世纪末,各种新型的软质瓷依然停留在对中国瓷器外观的模仿上。而在当时的欧洲人尤其社会上层的观念中,只有中国硬质瓷才是真正的瓷器,其他陶瓷很难体现出中国瓷的社会价值。为了区别这些形形色色的"瓷器",法国奥尔良家族在1671年的收藏清单首次使用"真瓷"(true porcelain)一词以示区别。

二、欧洲硬质瓷的烧制

欧洲第一个成功生产出硬质瓷的国家是德国。

17世纪末18世纪初,德国人约翰·弗里德里希·伯特格尔(Johann Friedrich Bottger,1682—1719)和埃伦弗里德·瓦尔特·冯·契尔恩豪斯(Ehrenfried walter Von Tschirnhaus,1651—1708)经过反复试验,最终由伯特格尔于1709年3月在萨克森公国成功烧制出欧洲的第一件白釉瓷器。瓷器的成功烧制,为德国增加了收入,带来了繁荣,也直接推动了梅森(Meissen)窑的产生。1710年1月23日,萨克森公国国王命令在德累斯顿20千米之外的阿尔布累希茨堡建立梅森王室瓷窑,该窑选用"希诺瓦白土",最终烧制出优质的白瓷,并于1713年春开始批量生产。

欧洲瓷器的诞生

由此,欧洲在历时两个半世纪之后,终于成功仿制出"真瓷"——硬质瓷。梅森的规模发展得很快,1740年,瓷厂已拥有200名工人。新产业不久就成为萨克森公国最丰厚的财政来源之一。七年战争(1756—1763)后,占领萨克森的腓特列大帝(Frederick the Great)利用梅森瓷器偿还债务,他在一封信中曾写道:"我们现在,只有光荣、宝剑和瓷器。"可见当时的梅森瓷厂对其国家经济的重要性。

梅森成功研制出硬质瓷后,严守配方工艺秘密,加上梅森瓷厂的生产工艺、管理等原因,产品仅限于高档的皇家用瓷,产量难以扩大至商业规模,根本无法满足欧洲市场对日用瓷器的需求。18世纪初,欧洲各国对生产硬质瓷的欲望依然强烈。

虽然德国成功研制出了瓷器,但对欧洲其他国家而言,制瓷技术并未获得突破性进展。真正使欧洲人系统了解中国瓷器的原料、配方和成型系统工艺过程的,是法国传教士殷弘绪(Entrecolles)。1712年和1722年,殷弘绪分别写信将其在景德镇传教期间搜集到的制瓷工艺系统完整地介绍到了欧洲,其中包含详细的高岭土—瓷石二元配方的工艺特点。信件在欧洲杂志公开刊出后,寻找高岭土仿制中国瓷器的热潮席卷欧洲。

"18世纪,耶稣会士带回更多的中国技术资料并被采用,欧洲才生产出真正的瓷器。"显然,在历史学家阿谢德(S. A. M. Adshead)看来,欧洲的硬质瓷生产肇始于此。

1750年,法国奥尔良公爵下令在法国勘察瓷土矿。18世纪60年代,法国塞弗尔(Sèvres)瓷厂找到高岭土矿藏,成功生产出硬质瓷。法国由此成为继德国之后欧洲第二个生产硬质瓷器的国家。塞弗尔瓷厂不久便取代梅森成为引导欧洲瓷业潮流的领头羊。

早期的欧洲自制瓷器(图4-1)深深打上了"东风西渐"的烙印。以"克拉克瓷"带来的风潮为滥觞。1739年,德国瓷画家贺罗特创作了"洋葱"纹饰——那时欧洲人还不了解中国传统花卉与水果,将其统称为"洋葱",这一系列的仿制品也便被称为"蓝色洋葱"系列(图4-2)。而最出名的当属青花"柳树纹饰",相传由日后发明骨瓷的约西亚·斯波德于(Josiah Spode)1790年前后从一种被称为"满大人"(Mandarin)的中国风中沿袭而来。

图4-1　早期的欧洲自制瓷器"东风西渐"

图4-2　模仿中国瓷器,"蟠桃"变"洋葱"

这种对东方传统"不明觉厉"的模仿凸显了当时西方文明的"崇洋媚外",然而随着西方文明的崛起与对清战争的胜利,西方文明的自信程度大幅度提高,这种提高也充分体现在了瓷器作品中。与中国瓷器重实用的导向不同,欧洲瓷器一开始便作为彰显主人身份的陈设品而存在,在日后的发展中,大量精雕细琢活灵活现的人物塑像被烧制出来,成为瓷器中的一大主流产品,这其中不可不提的便是德累斯顿瓷器中的花边瓷俑(图4-3)。

图 4-3　德累斯顿瓷器的人物塑像

德累斯顿瓷器大量被生产的时代正值法国国王路易十五统治时期,整个欧陆流行的是纤细、烦琐而华丽的洛可可艺术。德累斯顿的工匠们首先将这一风格融入餐具,设计出大量树叶、花朵、贝壳等精致奇特的图案,之后便开始制作以"裙衬组合"为代表的人物雕像。这其中最负盛名的是"德累斯顿花边",工匠们将真蕾丝浸入液体瓷中再手工贴于人物雕像,其成品巧夺天工,精美异常,几乎可以与软织物媲美。然而这种花边也非常脆弱,其中大部分毁于战火,流传至今的件件都是稀世珍宝。

与上述制瓷厂商相齐名的还有很多,诸如英国的"韦奇伍德"(Wedgwood)、丹麦的"皇家哥本哈根"(Royal Copenhagen)等。这些豪门制瓷厂的洪波涌起见证了制瓷业成为欧洲工业革命时期最重要的新兴产业之一。制瓷业的发展还深深推动了工业化的进程,装配流水作业法正是首先出现于制瓷业——大批劳动力因此脱离农业转向城市生产,为欧洲文明的再一次演进写下了重要的一笔。

经过 3 个世纪的传承,瓷器在岁月流逝中已然成为欧洲传统的一部分,高档瓷器的制作成为一门严谨的艺术。德国梅森瓷器的每一位彩绘、造型师都必须经过数十年的艺术与技术培养,能在每件创作上融入不同时期的艺术风格,以展现近 300 年来的欧洲艺术史。皇家哥本哈根瓷器的精品"丹麦之花"每一件作品都是精选质地纤细的瓷土做成素胚,在尚未完全干燥前雕出锯齿、镂空等形状,至于立体花开装饰部分,则都是以巧手捏塑,细腻处还得借助针尖,其难度之高令人叹为观止。

【阅读资料 4-1】

欧洲历史上最著名的一桩瓷器交易

住在茨温格宫的萨克森公国君主奥古斯特二世一生热衷瓷器。据统计,他共收藏了 35098 件瓷器珍品,为此还特意购置了一座官邸,翻修、扩建,专门用来陈列这些瓷器,当之无愧成为历史上东方瓷器最大的收藏家和鉴赏家。

1717 年,奥古斯特二世和普鲁士国王做了一场令人大跌眼镜的交易,向世人展示了什么叫"为爱痴狂"。

他用600名全副武装的龙骑兵——这支曾经为他建功立业的精锐部队,交换151件康熙年制的瓷器!(注:萨克森在当时是一个独立的国家,现为德国一联邦州。)

不得不承认,当时在欧洲,中国产的瓷器比人命还值钱!这位君主,一生最大的两项开支:一是国家战争;二是购买东方瓷器。

与奥古斯特二世(图4-4)换瓷器的普鲁士国王——腓特烈威廉一世(图4-5)是个脾气特别粗暴的军事家,一言不合,就抄起棍子打大臣、敲士兵、揍儿子,甚至连平民百姓也都捶过。他是欧洲第一个穿军装的君主,一辈子坚定军事是最美好的,认为书籍是废纸,文人是垃圾。因为厌恶法国文学和音乐,竟然全面禁止法国的文艺作品入境。所以不难想象,当时奥古斯特二世提出拿600名精英骑兵团跟他换那堆祖传的中国瓷器,腓特烈威廉一世有多高兴。

图4-4　奥古斯特二世　　　　　　图4-5　腓特烈威廉一世

奥古斯特二世经常对自己的高尚风雅与文化建设沾沾自喜,自诩其都城德雷斯顿是德意志的雅典,把腓特烈威廉一世的都城柏林比作德意志的斯巴达。(注:19世纪70年代以前,"德意志"只是一个地理名称而已,当时整个德意志地区诸国林立,类似中国的五代十国时期。)

然而,损人是要付出代价的。

腓特烈威廉一世的儿子虽然从小被父亲万般摧残,但后来还是替父亲出了这口气,把萨克森公国的国土给彻底瓜分了,从此建立了北德地区的霸权。他就是那位打败过奥地利、法国和俄国,可以和拿破仑齐名的军事天才——大名鼎鼎的腓特烈大帝。

被"卖"掉的600名精英骑兵团在异国他乡再次组成一支精锐部队,奋发图强,愈发强大,后来跟着腓特烈大帝的铁蹄,把当初遗弃他们的故国杀得片甲不留。

据说几十年后,连拿破仑提到他们也会敬畏三分。

至于那堆比人命还珍贵的中国瓷器,自然都被小心翼翼保存下来了。

不管国家如何动荡,朝代如何更迭,它们一直都住在熟悉的茨温格宫里(现已改名为德国国家艺术博物馆),供世人观赏,述说那段略带传奇的故事。

三、骨瓷的诞生

骨瓷最早产生于英国,大约于 1800 年发明。骨瓷的发明历程颇有喜剧色彩,开始是托马斯·弗莱(Thomas Frye)在制造过程中偶然掺入动物骨粉,后经乔西亚·斯波德(Josiah Spode)继续研究而得,其基本配方最早是 60％骨粉和 40％瓷石,但到后来逐渐发展成为 50％骨粉、25％瓷石和 25％黏土,直至今天在英国一直被认为是标准配方。由于骨粉这一成分可以增加瓷器的硬度和透光度,且强度高于一般瓷器,因此可以做到比一般瓷器更薄、更透、更白,由此便诞生了骨瓷这一种新型瓷器。两百多年来,骨瓷经过一代代名匠之手,逐渐发展成为世界陶瓷珍品(图 4-6)。

图 4-6 骨瓷杯

骨瓷的主要成分为高价值天然骨粉(成分为磷酸三钙)。骨粉用牛、羊、猪骨等制成,以牛骨为佳。制作方式为在瓷土中加入 30％以上的食草动物骨粉,按照国际标准,骨瓷内应含 25％以上的食草动物骨粉。骨粉成分超过 40％的器具,其颜色为乳白色,属高档骨瓷(Fine Bone China),如日本鸣海骨瓷的骨粉高达 47％,其颜色界于乳白色和奶黄色之间。

骨瓷在烧制过程中,对它的规整度、洁白度、透明度、热稳定性等多项理化指标均要求极高,因此废品率很高。由于用料考究、制作精细、标准严格,所以价值高于其他瓷种。独特的烧制过程和骨粉的加入,使瓷土中的杂质及重金属被消除,是真正的"健康瓷"。骨瓷显得更洁白、细腻、通透、轻巧,极少瑕疵,并且比一般瓷器薄,在视觉上有一种特殊的清洁感,强度高于一般瓷器,是日用瓷器的两倍。骨粉的含量越高,黏土的成分就相对降低,在制作过程中就越易烧裂,在成型上需要更高的技术,增加了烧制难度,所以更加珍贵。

骨瓷的制造厂商主要为欧洲与日本两大系统,我国只有唐山、淄博等地的少数厂家生产出口。英国的骨瓷最为有名,世界上十大名瓷(骨瓷)都在英国,如威基伍德(Wedgwood)、皇家道顿(Royal Doulton)、皇家瓦塞思(Royal Worcester)。欧洲其他地区的骨瓷也十分著名,如丹麦的皇家哥本哈根(Royal Copenhagen)、德国罗森泰(Rosenthal)等,它们都特别注重手工的绘制过程,专门聘请艺术家参与制造过程,设计花色,追求将陶瓷用品与艺术结为一体。

日本是在近 20 年才在骨瓷方面有所发展的,当然要比英国差一些,不过也有不少的名品来自日本。早期的日本陶瓷技法主要是学习自中国景德镇的传统烧制工艺,自从明治维新后,日本开始引进欧美的生产技术。第二次世界大战后,日本不但将这种源自欧美的高级瓷器制造法沿为己用,而且能自行生产制造,同时大量外销至世界各地,成为国际知名的骨瓷制造国。在日本,骨瓷的制造主要分三大主流,分别是鸣海(Narumi)、日光(Nikko)、诺太克(Naritake)。

第二节　著名的欧洲瓷器品牌

一、梅森

1710年,在欧洲第一件白釉瓷器的基础上,"梅森"(Meissen)瓷器制造厂成立,成为全欧洲最早成立的陶瓷厂。在之后相当长一段时期内,整个欧洲瓷器制造业都受梅森瓷器风格的影响。

梅森举世闻名的"蓝剑交锋"标志源于当年萨克森公国国徽,是欧洲瓷器史上最著名的瓷器标记,经历了300年的历史变迁,成为陶瓷收藏家眼里经典中的经典(图4-7)。

欧洲著名瓷器品牌梅森、塞弗尔

图4-7　瓷器界的劳斯莱斯——梅森

今天,每件梅森的剑标瓷器都是用手工绘制的,我们称其为著名的梅森釉底蓝色剑画。蓝剑同时也是质量保证的象征。

梅森瓷器(图4-8)从诞生以来,每一种产品的石膏模具都保存着,共17.5万个。现在随

图4-8　梅森代表性工艺——蓝底白釉瓷器

时都可以再生产出同二三百年前一模一样的产品,3000 种图案也一个不少地保存着。梅森瓷器不仅是商品,同时也是德国宝贵的文化遗产。

梅森瓷器展现了近 300 年来的欧洲艺术史,每件成品都是经过 80 多道工序手工精心制作而成的(图 4-9)。所用色彩都是按秘方配置,该厂的颜料实验室对外严格保密,而且为其产品独家使用。梅森瓷器的每一位彩绘、造型师都必须经过数十年的艺术与技术培养。

图 4-9　梅森瓷器的生产过程

二、塞弗尔

18 世纪后期,法国是继德国之后在欧洲能够真正生产硬质瓷器的国家,而塞弗尔(Sèvres)窑是洛可可时代法国最著名的瓷厂。其原型是路易十五于 1738 年在维森那建立的皇家瓷厂,于 1756 年迁至塞弗尔,它代表了近代法国瓷器的发展水平,同梅森窑一样成为欧洲瓷器生产的杰出代表。其陶瓷产品多用金粉描边,以繁复的鎏金技术、优雅的装饰、奢侈的黄金涂层和精致的釉面而闻名,同时兼具细致纤巧的特征与皇室典雅大方的风格,是中国风和洛可可艺术糅合的产物(图 4-10)。

图 4-10　塞弗尔瓷器

塞弗尔窑的产品主要有两种形式:一种主要采用天蓝釉,称为国王蓝。蓝白相间的底色上用雕刻、彩绘等形式装饰线条流畅、造型轻盈的洛可可式纹样。另一种是运用玫瑰色釉彩。由于路易十五的宠姬蓬巴杜夫人(图 4-11)是该窑的主要赞助者,玫瑰色是她喜欢的颜色,因此,也称之为"玫瑰色蓬巴杜式"。

塞弗尔窑的瓷器似乎与德国瓷器脱胎于中国、日本的原型不同,有了新的倾向。如在继承、发扬欧洲传统宫廷艺术精华的基础上,又充分吸收其他艺术设计门类的流行时尚,从而创造出高贵优雅、华丽妩媚的独特风格,这与当时洛可可时代的趣味相关(图4-12)。

图4-11　蓬巴杜夫人

图4-12　1901年法国王后送给慈禧太后的赠礼

三、罗森泰

罗森泰(Rosenthal)品牌于1879年由Philips Rosenthal在德国创立,1891年开始自行生产白瓷器皿。1910年,罗森泰正式成立艺术部门,并从实用性的餐具设计延伸至具有收藏价值与装饰性的礼品设计。到1929年,罗森泰品牌已蜚声国际。罗森泰运用寓艺术于生活的高超手法,一直受到重视生活品位人士的喜爱,风格多样化的商品系列使得罗森泰的魅力多角度扩散。

难以用单一风格定位的罗森泰,近年来积极与各个艺术设计领域的精英大师合作,撞击出夺目的火花。例如,1993年,范思哲(Gianni Versace)以其才华横溢的设计天分及丰富的想象力巧妙地为罗森泰设计一系列中西结合的艺术极品美杜莎(Medusa),将希腊女神的图案演绎于餐具上,瑰丽不凡,色彩鲜艳,与他的时装设计不谋而合,为中西式餐具增添了一份优雅怡人的韵品(图4-13)。

图4-13　范思哲设计的罗森泰餐具

四、威基伍德

对欧洲瓷器稍有涉猎或收集的人,很少有人不知道大名鼎鼎的英国威基伍德(Wedgwood)。1902 年,罗斯福总统白宫之宴;1935 年,玛丽皇后号豪华邮轮首航;1953 年,伊丽莎白女皇加冕典礼,在这三场世纪著名盛宴中,威基伍德皆以其精致骨瓷餐具(图 4-14)参与其中。

欧洲著名瓷器品牌威基伍德、皇家哥本哈根

图 4-14　威基伍德的瓷器

图 4-15　乔希亚·威基伍德

被尊为英国陶瓷之父的乔希亚·威基伍德(Josiah Wedgwood)(图 4-15)于 1730 年出生在英国的一个陶工世家。从 9 岁开始,他就跟着兄长在父亲遗留下来的家庭作坊里制陶。1759 年,乔希亚在斯塔福德郡创办了自己的第一家陶瓷工厂,并以自己的姓氏"威基伍德"作为产品的品牌。

1762 年,乔希亚实验成功了米白色瓷器。1765 年,这种瓷器被夏洛蒂王后选用,威基伍德从此获准称为"王后御用陶瓷"(Queen's Ware)。

乔希亚终其一生醉心于瓷器制作与材质的研发,最知名的发明当属历经千百次实验,终于在 1775 年成功问世的"浮雕玉石"(Jasper Ware)系列(图 4-16)。浮雕玉石的成功,被誉为"继中国人于 1000 年前发明陶瓷之后的最重要及最杰

图 4-16　浮雕玉石系列

出的陶瓷制造技术",也是威基伍德中最令人赞赏的材质。直至今日,浮雕玉石仍旧是全世界最珍贵的装饰作品之一,其配方至今是威基伍德独步全球的秘密。

五、皇家哥本哈根

皇家哥本哈根(Royal Copenhagen,R.C.)是公元1775年丹麦皇太后茱莉安·玛莉为制作皇室用品及赠品而特别设立的御用瓷厂,传统北欧手工艺融合东方瓷绘风格,独特而典雅的造型设计是丹麦引以为傲的国宝。R.C.标志(图4-17)上的皇冠表示与皇室的密切关系,三条波纹代表围绕丹麦的海峡。

图4-17 皇家哥本哈根标志

(一) 丹麦之花系列

丹麦之花(Flora Danica)系列(图4-18)最能表现皇室尊荣,属于国宝级的瓷器珍品。18世纪的丹麦国王克里斯汀七世为向俄国女皇凯瑟琳二世示好,依据当时皇室间馈赠餐具的传统,便准备制作一套既豪华又具代表性的大礼。他命R.C.依丹麦植物图鉴的内容制作这份礼物。由当时最具天分的艺术家Johann Christopher Bayer负责将图鉴上的植物图案绘制到餐具上,从表面纹路及立体花饰的雕刻、绘图(一个盘子的图案需要超过12000次的笔触,有的作品需采分段上色及经过高达6次的窑烧)到描字(将植物的拉丁名描在底部),皆采用手工制作,并用24K金镶饰盘边。经过12年的费时制作,终于在1802年完成全部1802件作品。但因俄国女皇已于1796年去世,整套餐具便留在丹麦,并于1803年1月29日正式公开,此后只在皇家婚礼、外国元首来访时使用。到今日,整套作品只剩下1530件,被视为国宝,保存于哥本哈根的罗森堡宫内,且仍为玛格丽特皇后国宴上的焦点。

图4-18 丹麦之花系列

1863年，丹麦公主亚力山卓即将嫁给威尔斯王子，丹麦皇室再度制作这已停产60年的皇室盛宴代表作。目前，它们被保存在英国温莎堡内，为英国皇室最珍贵的收藏品之一。

（二）唐草系列

唐草(Blue Fluted)系列(图4-19)是R.C.的代表形象，白色纯瓷，绘以钴蓝花式的造型，瓷器上完美的釉下彩则是其著名特色。图案设计取材自中国，再加上立体浮雕、贝壳条纹的欧式造型，唐草系列有三种款式：唐草(Blue Fluted Plain)、花边唐草(Blue Fluted Half Lace)、全花边唐草(Blue Fluted Full Lace)。1885年Arnold Krong就任R.C.艺术指导，领导一群年轻艺术家，经过无数次试制而发展出在任何产品表面(从小蛋杯到大汤碗)绘制至少需1197次运笔的唐草绘制专业技术。

图4-19　唐草系列

六、皇家道尔顿

皇家道尔顿(Royal Doulton)创立于1815年。1887年，创始人约翰·道尔顿(John Doulton)之子亨利·道尔顿(Henry Doulton)获维多利亚女皇授予骑士爵位，成为英国第一位受封骑士爵位的陶艺家。1901年，道尔顿获爱德华七世授权为"皇家御用餐具"，并开始有权使用"Royal"皇家字样。今日，Royal Doulton已成为英国最大的骨瓷出口制造商。

除了Royal Doulton本身产品外，Royal Crown Berby、Minton、Royal Albert三大品牌都属于Royal Doulton旗下，其中Royal Crown Berby是最老的品牌，创始于1748年，为第一个获皇室授权使用"皇家"为商标的品牌。英国黛安娜王妃生前青睐的Royal Albert，其受国人所熟知的乡村玫瑰(Country Rose)系列自1962年生产自今遍布世界已超过1亿个(图4-20、图4-21)。Minton是在1793年由Thomas Minton等人所创立的，曾被维多利亚女皇誉为"世界上最美丽瓷器的制造者"，以镀金的宴会餐具闻名，广受世界各王室喜爱，至今全世界的英国大使馆仍使用他们的瓷器。据说，皇家道尔顿的骨瓷中含有大约50%的牛骨粉末，烧制技术非常难，透光性好即源于此。特别值得一提的是，皇家道尔顿是众多西式瓷器品牌中唯一致力于开发中式餐具的一个。

图 4-20　旧乡村玫瑰系列（Old Country Rose）

图 4-21　新乡村玫瑰系列（New Country Rose）

【课后思考】

1. 简述欧洲瓷器的诞生过程。
2. 什么是骨瓷？骨瓷的特性有哪些？
3. 著名的骨瓷品牌有哪些？请简要介绍。

【项目作业】

参观酒店用品市场，了解瓷器餐具的种类、材质、品牌、型号、价位，完成一份分析报告。

第五章

雪茄

第五章 雪茄

雄性天生是孤独的,人也一样。

当两个男人要走到一起时,总要寻找某些理由。于是他们发明了足球,发明了高尔夫。

而雪茄也是一样。

19世纪的半岛战争结束后,退役的战士把雪茄带到欧洲各地,于是今天的男人要聚到一起去,又多了一个优雅的理由。

足球毕竟是属于激情的,是热血少年的沟通工具。而高尔夫又过于长途跋涉,如果没有一个悠长假日和完美的阳光、空气,也很难享受到这份奢侈。而雪茄则不一样,一个完美空间,一杯红酒,它就可以带给你一段完美体验。于是,优雅孤独的中生代男人因雪茄之名可以走到一起,享受财富带给自己的悠闲恬适。在很多高档酒店里也就诞生了雪茄吧……

【课前导入】

大卫杜夫会所——享受一种仪式化的美感

真正奢侈的不是雪茄本身,而是品吸雪茄所需的时间与空间。如果没有像维多利亚时代英国绅士家中那样的雪茄窖,或者专门的吸烟室,那还是去雪茄俱乐部吧,就像隐匿在城市繁华处的大卫杜夫雪茄会所,这里能满足一名雪茄客想要的一切。

对于那些古代的绅士来说,吸食雪茄是一种享受的仪式。传统的吸雪茄的场所一般是某个酒吧或者私宅。只有那些贵族才有能力在家中设置酒窖及雪茄窖,在享用美食之后便一手端着干邑,一手拿着雪茄,或独自玩味,或与朋友聊天。

现代社会的绅士们吸食雪茄虽然已经不像以前那样烦琐了,但仍然非常讲究。大多数雪茄客都认为要想真正地品味雪茄,需要一个静谧的空间,需要一段悠闲的时光,需要虔诚的态度和孤寂的心灵。他们会不避烦琐地拿出一系列雪茄的专门烟具,细致地剪口、点火、预热,深深地吸入一口之后,专注于眼前的雪茄,看着烟雾在空中慢慢地盘旋、挥散,眼神慢慢变得游离,直到什么都看不见,一切显得那么超然物外。如今,禁烟运动越演越烈,绅士们则更多地选择去雪茄俱乐部。

对雪茄略有研究的人,都听说过大卫杜夫。大卫杜夫的第一间雪茄会所成立于瑞士日内瓦,距今已有106年的历史,之后随着季诺·大卫杜夫的不懈努力,大卫杜夫开始了全球化的扩张态势,并在世界范围内经营多家雪茄店及会所。如今,拥趸们再也不必四处寻找它的踪迹,因为这个闻名世界的雪茄品牌已将自己的全球旗舰店设在了北京。

走进宽敞明亮的大卫杜夫会所一层展示空间,目之所及全是大卫杜夫各个系列的产品,从雪茄保湿盒、雪茄剪、雪茄皮套、雪茄打火机到雪茄烟灰缸一应俱全,各种雪茄自然也位列其中。一支巨型雪茄尤其惹眼。这支全长2050毫米、重20千克的雪茄由2500张大卫杜夫No.2烟叶卷制而成,多米尼加的两位卷烟师用了300多个小时才制作完成。

乘坐私人电梯来到地下一层,是一个开放式的酒吧,还有一间用于储存的小型雪茄房,这里24小时不间断地将温度及湿度都控制在最适宜存放雪茄的范围,更用香柏木保

> 湿储藏柜保存雪茄。
>
> 然而让雪茄客最爱的一个地方,却是隐匿在地下二层的私密包间区。这里有 4 间贵宾房,每间的设计风格都不相同,每个房间都以大卫杜夫雪茄的生产线来命名,想要知道 AVO、GRIFFIN'S、ZINO 及 DAVIDOFF 生产出来的雪茄有什么不同,不如去这 4 个房间里找找看。

【教学目标】

1. 知识目标

(1) 了解雪茄的历史。

(2) 掌握雪茄的尺寸。

(3) 熟悉雪茄的品牌。

(4) 掌握雪茄的储存要求。

2. 能力目标

(1) 能够进行简单的雪茄鉴别。

(2) 能够提供正确的雪茄服务。

【教学重点】

雪茄品牌识记;雪茄服务。

【教学难点】

雪茄鉴别。

第一节 雪茄概述

一、雪茄的历史

1492 年是个好年份,因为那年哥伦布(图 5-1)不但发现了新大陆,也发现了雪茄。雪茄浸透了拉美热带雨林的阳光雨露,这里独特的土壤和气候造就了雪茄醇厚的品质、馥郁的芳香及隽永的韵味。

雪茄的原文是来自玛雅文"Sikar",即抽烟的意思。关于这个词的来历还有一个小故事。1492 年哥伦布发现美洲新大陆的时候,当地的土著首领手执长烟管和哥伦布比手画脚,浓郁的雪茄烟味四溢。哥伦布闻香惊叹,便通过翻译问道:"那个冒烟的东西是什么?"但是翻译却误译为"你们在做什么",对方回答"Sikar"。因而这一词就成了雪茄的名字,后逐渐才演变为"Cigar"。

雪茄的历史

哥伦布和他的船员把烟草从美洲大陆带回欧洲。而雪茄风潮则是在 19 世纪初半岛战

图 5-1　哥伦布

图 5-2　徐志摩

争之后,由从西班牙军队退役的英法士兵带到了欧洲各地。紧接着世界燃起了一股雪茄之风。据统计,在 1900 年,有 4/5 的美国男人抽雪茄。

雪茄之都——古巴,自 16 世纪以来都是雪茄诞生最佳之地(好的雪茄产地的自然条件必须符合相对湿度 70%,平均温度维持在 25℃,而且要有适量的雨水)。1963 年,卡斯特罗的接管导致美国禁运,不但古巴产的烟草不能销往最大市场——美国,更导致许多雪茄卷制工人跑到邻国,以致今天有许多雪茄生产国的存在。虽然后来因为美国禁运,古巴雪茄出口受到了加勒比海、多米尼加共和国①、洪都拉斯和墨西哥的挑战,但至今最优良的仍然是古巴雪茄。

在中国,把"Cigar"翻译成"雪茄"的人是徐志摩(图 5-2)。1924 年的秋天,徐志摩从德国回到上海。周末,他在一家私人会所里邀请了诺贝尔文学奖得主泰戈尔先生。泰戈尔是忠实的雪茄客,在两人共享吞云吐雾之时,泰戈尔问徐志摩:"Do you have a name for cigar in Chinese?"徐志摩回答:"Cigar 之燃灰白如雪,Cigar 之烟草卷如茄②,就叫雪茄吧!"经过他的中文诠释,将原名的形与意推至更高的境界。

二、雪茄的构造与外形

(一)雪茄的构造

从外到内,一支手工卷制的雪茄分为三层:茄衣(Wrapper)、卷叶(Binder)、茄心(Filler)。

1. 茄衣

雪茄的构成

雪茄的茄衣就像是为了包装一份贵重礼物所用的昂贵包装纸,它是由半片烟叶(图 5-3,图 5-4)卷缠雪茄烟体而成的。叶脉向里,使雪茄表面看起来光滑。一支雪茄 70% 的味道来自外包装,因此茄衣对于鉴别雪茄很重要。茄衣的特点是干滑且不太

---

①　多米尼加共和国是一流烟草的另一个主要生产地。主要烟草种植地区在 Cibao 河谷地区,位处圣地亚哥城市附近。现在多米尼加共和国提供了美国一半以上的烟草原料及雪茄。

②　茄读 jia,表示荷茎。《尔雅·释草》:荷芙蕖,其茎茄。

油,柔软且富有弹性,必须美观、无缺陷、无斑点、无扯痕,颜色统一,没有太大的叶脉。

图 5-3 雪茄烟叶

图 5-4 卷制雪茄

2. 卷叶

把雪茄的外包裹层撤掉,会看到卷叶。它的作用是将雪茄粘合到一起。好的粘合层能保证雪茄燃烧得持久、平稳,因此卷叶的选取主要考虑它的抗拉强度和燃烧特点。

3. 茄心

茄心也就是雪茄的中心层,高品质的雪茄会精选没有折断或破损的烟叶。茄心由几片烟叶折叠卷起,点燃雪茄时,烟从缝中穿过。卷得太紧,雪茄吸不动;卷得太松,雪茄燃烧得太快;适度的茄心松紧必须由优秀的卷烟师来完成。质量优良的雪茄采用"长装填"的烟叶,这意味着烟叶是完整的、未经改动的。不太昂贵的机制雪茄烟采用"切割的"或"短装填"的烟叶,切割的短装填烟叶是破损的烟叶和烟草碎片。观察是否采用长装填烟叶,只要看质地优良的雪茄烟上是否有长的圆筒形烟灰即可。廉价的雪茄烟采用切割的或短装填烟叶,它们的烟灰就像卷烟的烟灰。①

 【阅读资料 5-1】

雪茄的颜色

雪茄叶的颜色越深,抽起来味道就越甜、越浓郁,茄衣的油脂和糖分就越高。茄衣的颜色有时集中可以粗略分成七种基本色(图 5-5)。

青褐色,又叫美国市场精选,简称 AMS 或 Candela。在烟叶成熟前采收并快速烘干

---

① 有人在雪茄的结构划分中加入"帽子"。帽子是一小片圆烟叶,用来覆盖雪茄的顶部(顶部雪茄圆而封闭的一端)。帽子使得雪茄烟有了一个较完美的外表并可闭合外包裹烟叶的尾部。这种戴了帽子的顶部也可防止雪茄烟外包裹在切断雪茄时松开。有些雪茄烟并不采用帽子的做法,它们在外包裹上留下一面小旗子,然后在顶部将小旗子捻成"鼠尾"。这种处理顶部方式是那些卷雪茄的工人为了在工厂吸雪茄而琢磨出来的。它们也被称为"卷毛头"或"猪尾"。

的叶子才会是这种颜色,这种雪茄叶清淡得几乎无味,含有少量的油脂。

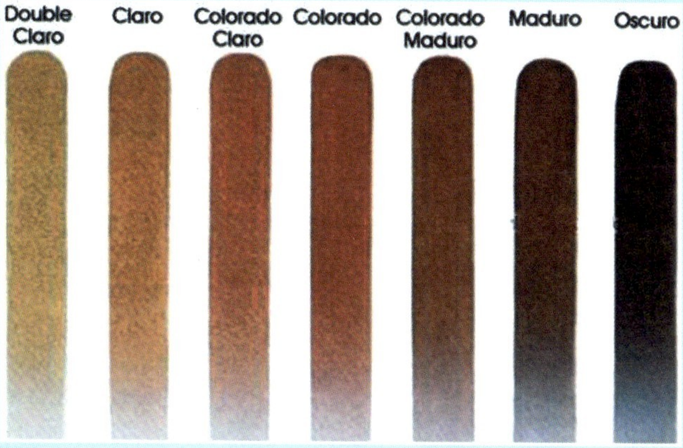

图 5-5　雪茄的颜色

Double Claro 如淡咖啡般的浅褐色,是清淡型雪茄的标准色,如哈瓦那 H. Upmann 和采用康涅狄格烟叶做茄衣的雪茄。

Claro 茶色、中褐色,采用喀麦隆茄衣的多米尼加制 Partagas。

Colorado Claro 暗红褐色,味道芬芳,经完整发酵成熟后的色泽。

Colorado 深褐色,口感中等醇烈,气味较 Maduro 颜色浓郁,风味醇郁丰富。

Colorado Maduro 如咖啡般的深褐色,如浓郁的哈瓦那品牌 Bolivar,很适合雪茄老手享用,也被视为传统的古巴雪茄色泽。

Maduro 黑色,口感极浓郁,但不太有香味。

一般而言,挑选雪茄前先得检查茄衣,看它是否原封未动,散发健康的光泽;是否过于干枯易碎,导致雪茄口感趋于粗糙辛劣;是否散发浓郁的香气(如果没有浓郁的香气,可能表明储藏失当),优质雪茄既不能太硬也不能太软。如果茄衣的叶脉过于纵横突出,表明烟厂的品质管理有问题。

茄心的调配是影响雪茄风味的主要因素。依照经验,雪茄颜色越深,风味越浓郁,口感可能也甜些,因为深色茄衣含的糖分较高。经妥善保存的雪茄,在香柏木盒中也会继续成熟发酵,在成熟的过程中,雪茄的酸度会越来越少。风味浓郁的雪茄,尤其是那些粗胖型雪茄会成熟得更好。但温和型的雪茄,特别是采用浅色茄衣的,一旦储放过久便会失去香味。所以一般先抽淡色的雪茄,再享受深色的雪茄。成熟良好的茄衣刚开始时显得油腻,成熟后会变得更加滑润,色泽也更深。

每千支特定品牌、尺寸相同的雪茄为一个批号,根据外观评定等级后装入木箱中。雪茄的色泽分级多达 65 种,每一名色泽分级人员必须能熟悉地辨识它们,装盒时确保同一盒内的所有雪茄的色泽一致。雪茄的微细色泽变化决定其在盒中的位置,深色雪茄在盒子左边,浅色的则在盒子右边。

（二）雪茄的尺寸

雪茄的长短通常以英寸为测量单位，而粗细则用横截面直径表示，以"环"为测量单位，一环等于 1 英寸的 1/64。一支雪茄烟的大小如果用 7″×32 来描述，这支雪茄即是 7 英寸长、32/64 英寸的直径，即 1/2 英寸的圆。同样，如果雪茄环径是 64 环，那就说明雪茄为 1 英寸粗。目前只有少数几种雪茄有 64 环这种尺寸，比如多米尼加生产的 9 英寸长的皇家牙买加品牌的 Goliath 雪茄，而卡萨布兰卡品牌的 Jeroboam 和 Half Jeroboam 雪茄，其环径足有 66 环。

雪茄尺寸简介

雪茄的尺寸种类不计其数。仅古巴的雪茄就有 69 种尺寸，其中 42 种是手工卷制雪茄的尺寸。每种尺寸在工厂时都有特定的名称，并且和消费者所知道的名称没有任何联系，比如 Churchill、Double Corona、Franciscano、Carolina 等。一些品牌，如帕塔尼斯有 40 种尺寸，其中几个尺寸为机制雪茄的尺寸。尺寸选得越多就越有点复古的味道，而许多现代品牌则尺寸较少，如 Cohiba 和 Montecristo 就只有 11 个尺寸。古巴以外的雪茄尺寸没那么复杂，但是仍然有许多品牌持续扩充雪茄尺寸种类，比如大卫杜夫就以拥有 19 种尺寸而自豪（图 5-6）。

常见雪茄尺寸

Davidoff Special R	Davidoff Tubos Special R	Davidoff Short Perfecto	Davidoff Short T	Davidoff Special T	Davidoff Special B	Davidoff Double R	Davidoff Special C
12.4	12.4	12.4	12.4	15.2	15.2	19.0	16.5
2.0	2.0	2.1	2.0	2.1	1.6	2.0	1.3
4 7/8″	4 7/8″	4 7/8″	4 7/8″	6″	6″	7 1/2″	6 1/2″
50	50	52	50	52	41	50	33

图 5-6　大卫杜夫的部分雪茄尺寸

【阅读资料 5-2】

丘吉尔尺寸

丘吉尔说："我从来没有起过戒烟的念头。"

美国历任总统中有 19 位是雪茄迷,英国首相丘吉尔更是雪茄名人堂中第一雪茄客。第二次世界大战期间,为了在 1.5 万英尺的高空也能享用雪茄,他特制了一种飞行氧气面罩,并在这种面罩上开了一个洞,让他在乘坐飞机时仍可大抽雪茄,在他长达 90 年的生命里,估计每天最少抽 10 根雪茄,终其一生大约抽了 25 万根雪茄,总长度为 46 千米,总重量达 3000 千克。而他惯抽的雪茄尺寸(7″×48)也被特别命名,即现在举世知名的型号——丘吉尔。

(三)雪茄的形状

从横断面上看,雪茄的形状目前主要有三种:圆形(Round Shaped)(图 5-7)、盒压形(Box Pressed)(图 5-8)、四方形(Cuadrado Pressed)(图 5-9)。

雪茄形状

图 5-7　圆形

图 5-8　盒压形

图 5-9　四方形

1. 圆形

成捆雪茄、盒装雪茄、8—9—8 盒装雪茄中的雪茄大都是圆形雪茄,而且所有雪茄最初都是这种形状。这也是雪茄最自然的形状,而且不会产生其他的任何成本。这种雪茄也是最适合在保湿盒中进行熟化的形状,可以保持雪茄在堆积中还有空气流动。而雪茄熟化过程中的空气流动十分重要。这种形状的雪茄是目前的主流雪茄形状。

2. 盒压形

盒压形雪茄的断面看上去有点刃角的感觉。它是在烟叶没有完全干燥的情况下,卷好后放入方形雪茄模子内自然定型形成的。这不算是一种新的雪茄形,自从雪茄用干燥箱包装以来,人们就开始用此种方式来卷雪茄了,是从雪茄捆扎的方法来考虑的,产生了喜欢方形断面的厂家和消费者。最近,一些厂家发现,对一些年轻雪茄客来说,盒压形还可以给他们带来新鲜感。于是盒压形雪茄的产量开始增加,从而又形成了一种新的市场流行趋势。从雪茄爱好者的角度说,这只是一种视觉爱好而已,放在盒中展现出来的效果是一样的,对风味、口感没有影响。

3. 四方形

四方形雪茄的横断面基本是正方形。所谓 Cuadrado，就是卷烟工人们将烟叶卷成特别的形状后，用力压入方盒状的雪茄模具中慢慢形成的。为了再次对雪茄形状进行人工调整，从而产生微妙的风味区别，在制作这种雪茄时还需要有十分的小心计算和控制：如果对茄心的用量计算错误，品尝雪茄时的通气性就会很差，甚至会使燃烧面沿纵线发展。这种卷雪茄的方法对雪茄工人的技术要求十分高，通常是由洪都拉斯和尼加拉瓜的雪茄制作高手来生产的。品尝这种雪茄时，必须要有充裕的时间。如果雪茄燃烧得太快，风味尽失，而且会产生苦味。这种雪茄的最大好处是使烟气的流动方式发生变化，雪茄客可以从容地享受到清凉的烟气。四方形雪茄主要流行于美国市场，一般古巴雪茄中没有这种形状，欧亚市场中十分少见。

（四）雪茄的分类

手工卷制雪茄（图 5-10）和机制雪茄最基本的区别在于，大多数机制雪茄制造不出长的茄心，而茄心能决定雪茄的整体长度。因此，机制雪茄抽起来比较烫嘴，燃烧较快。另外，机制雪茄所使用的茄衣也比高级手工卷制雪茄用的质量要低。要区分手工卷制雪茄和机制雪茄是非常容易的：机制雪茄的雪茄帽通常很尖，雪茄摸起来不光滑，茄衣粗糙。如果是古巴生产的雪茄，用玻璃纸包装的一定是机制雪茄。

图 5-10　手工卷制雪茄

由于手工卷制雪茄的生产过程中更费时费力，而且采用的熟成烟叶价格昂贵，其制作过程中也常浪费很多烟叶，因此价格远远超过机制雪茄。手工卷制雪茄绝对是品质需要：切开一支机制雪茄，茄衣里的茄心是碎叶做的；如果切开一支手工卷制雪茄，看到的则是一本书一样的茄心，因为那是由一整张茄叶卷成的。此外，手工卷制雪茄还有一个非常有诱惑力的定语：全世界没有两支完全一样的雪茄。

据统计，一支手工的古巴雪茄在上市之前，从播种到制成成品至少经历 222 个不同阶段。工人们的细心程度和专业技术水平不仅会大大影响雪茄的最终外观，也会影响它的燃烧状况和口感风味。卷烟工人的培训是一段漫长而竞争激烈的过程，在 9 个月之内，很多人会被淘汰，成功留下来的也需要从小型雪茄开始做起，渐渐晋级到制作粗胖而且味道浓烈的雪茄。

如今，古巴的手工雪茄有 42 种之多，一个好的雪茄工人一天可以卷制 120 支中等大小的雪茄,但是蒙特克里斯托 A 规格的雪茄,工人平均每天只能制作 56 支。有一些巨星级卷烟工人,如乌普曼烟厂的赫苏斯·奥尔蒂斯,一天能卷制 200 多支蒙特克里斯托雪茄。

三、鉴别雪茄

(一) 优质雪茄应该是全手工制作的全叶卷雪茄

全叶卷雪茄分为两种:一种是手工卷制的全叶卷雪茄,它的外包皮筋明显,每支烟外观区别较大,粗细也有一定的差别;另一种是机器卷制的全叶卷雪茄,它的外观平整光滑,粗细均匀一致,外包皮较薄,总体上比全手工卷制的雪茄整洁、美观。但是上等的雪茄是不能用机器卷制的,好的雪茄在几百道生产工序作业中不能受到任何污染。机械产生的味道及油污对雪茄的香气、吃味、余味影响极大。此外,任何机械也无法取代人手的感觉,机械处理不了由于烟芯及内外包皮的变化而应当进行的调整。

雪茄鉴赏

雪茄装填烟叶要适当。一支优质雪茄应当触摸起来有弹性,但又不像海绵般松软。抚摩雪茄时从头到尾应感觉坚固一致,不应有松软的地方,也不应有硬点或斑点。雪茄的横断面在形状上很规则,依据不同的装箱方式,它们可以是完整的圆形或略呈方形。

(二) 优质雪茄的烟芯是片状的烟叶组合

全手工制作的上等雪茄烟,烟芯必须是片状的。哈瓦那雪茄融合阳光、土壤及超过 5 个世纪的卷烟艺术(图 5-11)而成,是无与伦比的产物。它伴随着古巴烟农经年累月的辛勤呵护成长,在复杂而多次的手工艺术下逐步成型。每位古巴烟农必须在烟叶成长及收割(图 5-12)的过程中,照顾每一片烟叶达 105 次以上,而每位烟农所负责的烟叶竟有 50 万片之多。

图 5-11 烤烟

在卷制雪茄的过程中,烟叶还要经过更为精细的手工加工。因为烟芯如果用机械切成丝后,烟叶的纤维组织及化学成分会有较大的变化,这样就会降低烟叶原来的品质。所以上等雪茄的烟芯是用手工将烟叶撕成 8~15 毫米大小的叶片。一支优质雪茄的烟灰应呈长圆柱形。在掉落前可长达 1~1.5 英寸。长烟灰表明雪茄填充的是高质量的完整的烟叶。烟

图 5-12　烟叶种植

灰应是白色的。如果在烟灰与烟体交接处有一个黑圈,则表明烟叶是经过小心保存后才被做成雪茄的(图 5-13)。

图 5-13　完整的雪茄烟灰

(三)味道不苦不是雪茄

优质雪茄吃味苦中有甜,苦在前,甜在后,恰到好处,让人说不出是苦还是甜,就像喝咖啡一样,从它的苦中享受到醇厚丰满的香气、香甜可口的味道。优质雪茄的苦和甜融合在它醇厚丰满的香气和长久舒适的余味之中。

(四)优质雪茄不吸会自动熄灭

纸卷烟在燃烧过程中灭火即判定不合格,优质雪茄则恰恰相反,不吸就不燃烧,并在数秒钟之内停止散发烟气,3～5 分钟就熄火,再次吸用时必须重新点燃。这是因为上等雪茄在制作过程中不能加入任何的助燃剂,烟叶也不能进行膨化处理。另外,上等雪茄的价格每支要在几十元甚至几百元,如像纸卷烟一样不抽也要燃烧就太可惜了。

(五)优质雪茄吸后不生痰

优质雪茄吸后不生痰,而且有止咳清痰的作用。优质雪茄烟叶在种植时不允许加入化学肥料,烟叶在卷制前必须经过长时间的堆积发酵,以去除其中的杂味和生烟味,烟叶在自燃的醇化过程中,有害成分不断地被分解,烟叶变得富有弹性,味道也变得醇厚。

此外,优质雪茄的燃烧温度比纸卷烟低 100℃还多,一般在 700～750℃,含糖量也比其他烟叶低,所以烟气当中的有害成分远比其他烟低。

(六)优质雪茄香气醇厚丰满,没有怪味

上等雪茄在吸食过程中抽不出任何的人工香气和怪味,只有纯天然的烟叶产生的醇厚的香气。这是因为优质雪茄从烟叶种植到卷制成雪茄的整个过程禁止使用任何化学添加剂,就连卷制所需要的粘合剂也必须使用纯天然的植物。所以,若吸雪茄时能吸出人工的香气和怪味,那就不是上等雪茄。

【阅读资料 5-3】

卡斯特罗与雪茄

卡斯特罗有很长的吸烟史,而且烟瘾不小。早在他15岁时,对雪茄颇为精通的父亲就让正在念中学的儿子分享自己的嗜好。谁知卡斯特罗竟一发不可收,迷上了这种感觉。不过他通常只抽古巴雪茄。

据说,他每天平均要抽8~10支雪茄。后来他在1985年生日的那一天突然戒了烟。在他戒烟之前,有人多次利用他吸烟的特点对他进行"报复"。有一次,有人给卡斯特罗偷偷放了一盒有毒的香烟,内含的毒素在几个小时内就能将人致死,只要卡斯特罗把香烟叼在嘴上,就必死无疑,幸亏卡斯特罗警惕性高,及早发现才幸免于难。早在1960年,就有人打算在他的香烟中掺杂某种迷幻药,让习惯在演说前吸烟的卡斯特罗神志不清,以达到损害他公众形象的目的。卡斯特罗坦承,戒烟对于他这个有着44年烟龄的瘾君子来说,是一段极其漫长而痛苦的经历。

卡斯特罗曾经两度戒烟。

第一次是在古巴革命之前,那时,由于不堪忍受烟草资本家和种植园主的野蛮剥削,工人和农民掀起了声势浩大的"反雪茄运动"。"为了同人民打成一片,我戒掉了雪茄",卡斯特罗回忆道。然而,不久后大家发现,这一举动实在得不偿失,因为雪茄是古巴最主要的出口创汇来源,搞社会主义同样离不开资金。于是,人们不再谈雪茄色变,其生产规模又恢复了先前的水平,卡斯特罗也再度拿起久违的雪茄。20世纪70年代,追求健康的生活方式在古巴蔚然成风。身为国家领导人的卡斯特罗自然不能逆潮流而动。他在公众场合公开表示:"我同样要为禁烟运动尽自己的贡献,这是我应当履行的道义责任。"

1985年,卡斯特罗开始第二次戒烟。起初,他只是在公众面前戒烟,回家后照抽不误。在与外国客人谈笑风生时,他也是烟不离口。然而,一张他叼着雪茄会见国际友人的照片被报纸登出来,对他的形象造成了不良影响——明明已经宣布戒烟,但却没能信守对国人的承诺。这逼得卡斯特罗不得不痛下决心彻底戒烟。此后的很长一段时间里,古巴人对此都不大相信:那么长的烟龄,说不抽就不抽,谈何容易。好事的记者也不放过他。卡斯特罗不得不对天发誓,他独处时"一口烟都不抽"。他申辩道:"我如果想继续抽

烟,一定得找到能替我买烟的同伙才行;再说,我还得把烟灰和烟头藏起来,不让人发觉;更重要的是,我不愿让人感到我是在欺骗古巴人民。"在前往西班牙一家大烟草公司参观时,公司负责人请卡斯特罗品尝一下该公司出口的雪茄。尽管这是加深两国经贸关系的绝好契机,然而,为了不失信于民,他礼貌地回绝了。

卡斯特罗曾亲口透露,在戒烟的最初5年里,他连做梦都梦见自己在抽雪茄。时至今日,他仍然对雪茄津津乐道:"上等的雪茄不应太大,也不要过小,燃烧比较均匀,哪怕你从角上点燃,火焰也会自动弥补你的失误。劣质雪茄就不同了,烟雾缭绕,如同蒸汽机车,散发出的味道更令人窒息。"科伊巴(COHIBA)是卡斯特罗最钟爱的雪茄品牌,对这个牌子的来历,卡斯特罗了如指掌。当初,他的一位保镖经常抽一种非常清香的雪茄,卡斯特罗就问他雪茄是哪里产的,保镖说这是他的朋友手工制成并寄给他的。卡斯特罗便请求那位朋友为他生产一些,并对此赞不绝口。后来,此人便兴办了一家雪茄厂,"科伊巴"这一品牌便应运而生。此前,卡斯特罗一直走马灯似地更换雪茄品牌,但自从有了科伊巴,他便对其他牌子鲜有问津了。如今,科伊巴已是雪茄市场上最为著名的品牌,对于它的成功,卡斯特罗功不可没。

四、雪茄的保存

湿度对于雪茄来说十分重要。每一根雪茄都精心地收藏在用特殊木料制成的木盒(图5-14)里,木盒又应放在装有温度、湿度调控器的柜子中。

雪茄储存

图5-14 雪茄保湿盒

从理论上说,雪茄需要保存在"双70"的条件下,即:相对湿度应该调节在70%左右,温度应该控制在70℉(大约20℃)。如果保存得当,据说有些在卡斯特罗取得政权(1959年)

之前的雪茄依然保持着绝佳的风味和口感。

雪茄的收藏时间越长,风味越佳,刚制成的古巴雪茄烟味犹如青春烈火,但随着时间的流逝,风味将更显香醇。一般的雪茄通常需要经历5~7年的发酵过程才得以完成,享用者很容易领略到其中的美妙之处,即使烟味会随着岁月而转淡,但那也是15年后的事了。目前,在世界各地出售的古巴雪茄大部分都是出厂两年左右的产品。

【阅读资料5-4】

鉴别新鲜雪茄

新鲜雪茄的烟身有弹性,轻搓没声音。点燃雪茄之前,将它拿到耳边,以食指及拇指握住轻轻搓转,如果听不到任何龟裂声,便是一支新鲜的雪茄。

第二节 雪茄礼仪

与雪茄相伴,追求的就是一种感觉,享受唇齿留香,着重口感。犹如细品葡萄酒一样,让人陶醉。雪茄代表着品位男人的奢侈和神秘,这不仅仅因为雪茄是一种奢侈品,价格昂贵,配置奢华,更是因为在抽雪茄时的种种烦琐的程序和近乎奢侈的讲究。每一口雪茄含有的氨气是香烟的20倍,含有的镉是香烟的5倍,还有无法衡量的植物的刺激,还有加勒比海的热情、西班牙雪松木的凛冽和隐约的巧克力香气。

一、剪裁雪茄

由于雪茄有一头是封闭的,第一步是要将关闭的一头打开,将它做成中空的像麦管一样的东西。封闭的一端叫"头部",敞开的平坦的一端叫"尾部"。非常简单——点燃"尾部",剪裁"头部"。

剪雪茄

(一)断头台式剪器

断头台式剪器是最流行的式样(图5-15),也是公认为最便利、最有效的剪器。此型剪器不但携带方便,而且因力学结构的设计,提供了最佳、最迅速、最利落的开剪。它有一片垂直的刀片,通过直接切割雪茄帽子使雪茄横断面呈圆形。此型剪器适用于除Robusto(富豪型)尺寸外各种尺寸的雪茄。此型剪器的寿命也较长。用断头台式剪器剪裁时应切割"肩部",即圆顶形的"头部"呈弧形向下的部分。不要将整个雪茄的头部切下,以免雪茄没有"帽子"后发生卷曲。

优点:这种切割方式使切口很大,抽吸方便。

缺点:①会将茄烟帽子裁去过多而使外部包裹层散开;②会使烟丝在嘴里缠绕;③如果变钝,可能压实了烟草,从而阻碍吸用。

图 5-15 断头台式剪器

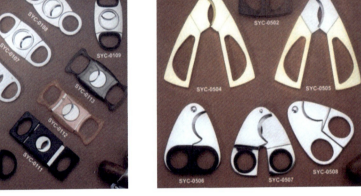

图 5-16 V 形裁刀

(二) V 形裁刀

V 形裁刀也可称为楔形或新月形刀(图 5-16)。这种刀在雪茄头部一端切割下椭圆形切口,刀片看上去像"V"。"V"的顶点是刀尖而腿是刀锋,用 V 形裁刀切割雪茄会留下一个新月形切口,而雪茄头部大部分未动。

优点:①用 V 形裁刀时犯错误的概率很小;②不易使外部包裹层松散开。

缺点:①留下的孔很小,会影响烟的味道和吸用;②如果刀片很钝,会压迫烟草,影响吸用。

(三) 穿刺或钻取剪器

穿刺是将穿刺剪盘放在桌上,将雪茄头部倒立于刀锋上方,用手指捏住雪茄肩部轻轻下压转动,以便达成穿刺、挖剪的效果。此类剪器较适用于茄环较大的雪茄,如 Churchill(丘吉尔型)和 Robusto(富豪型)。此型剪器携带方便,但售价较高。

优点:①可以多钻几个洞,还可以钻出不同角度的洞来使烟到达口腔中的不同部位,以改善味觉;②这种方式可以避免雪茄烟帽受损从而保护了外部包裹层,避免外部包裹层卷曲或散开。

缺点:①小洞会影响吸用。这样会使有毒的焦油聚向雪茄头部周围,从而使吸入的烟又热又苦;②小洞意味着吸食困难。

(四) 环形裁刀

在雪茄烟头部插入一把环形裁刀(图 5-17),稍微旋转一下,即可取出刀切割出的浅而圆的一小块(如同饼刀)。刀片可有不同的直径。

优点：①刀很小、很紧凑；②小洞很整齐，较大，对雪茄造成危害的可能性也较小。

缺点：①压迫雪茄烟头部的烟草；②刀必须适合雪茄烟头部型号。

（五）剪刀

剪刀（图5-18）用两个刀片像剪子一样裁剪雪茄烟头部，多适用于雪茄店或是雪茄俱乐部内，最适合剪较小茄环尺寸类的雪茄。因为它的体积较大也较重，所以雪茄客不会随身携带。这种剪刀的另外一个缺点是刀刃较易钝锉，持续剪用效果较差，再加上此型剪刀因使力的把柄较长，在开剪雪茄时因杠杆原理使然，而造成雪茄头双侧压力过大，从而导致茄衣开裂。所以，使用手握型长剪刀需相当有经验，用力不可过重。一般来说，这种剪刀的刃利寿命不会超过半年。

图5-17　环形裁刀

图5-18　剪刀

优点：用剪刀可以切出任何尺寸的洞。

缺点：①剪刀可能会刮伤雪茄，也有可能扯落整个头部；②携带不方便。

二、点燃雪茄

（一）操作程序

1. 叼上雪茄之前

点雪茄

雪茄敞开一端（尾部）是点燃的一端，不要将尾部直接放在火焰上，也不要先将雪茄放在嘴里。应该先用手拿住雪茄，将尾部以45°靠近火源1英寸处（图5-19），这样做的目的是预热或是将烟炙热，以确保雪茄能充分、均匀地点燃。可以在炙烧时旋转一下雪茄，当雪茄尾部已均匀加热，变得焦黑和发亮时，将雪茄置入口中。

2. 叼上雪茄之后

叼上雪茄之后，仍旧把火源置于加热完毕的雪茄尾部一端下方1英寸处，开始轻柔地吸用。现在开始吸入烟气，同时在火焰上旋转雪茄以确保底部充分而均匀地燃烧，并且让烟气自由地进入嘴部，然后将烟从嘴里拿出来，查看底部是否燃烧得很好，如果燃烧均匀则可将火熄灭。

图 5-19　点雪茄

（二）火源要求

用液体燃料打火机、蜡烛或头部有臭味的标准火柴及篝火点燃雪茄，这是最常见的错误，会使雪茄产生令人不愉快的气味。如果想用干净的火源点燃雪茄，请采用下面几种方式。

1. 丁烷打火机

丁烷打火机是最完美的选择。丁烷很干净也没有怪味，火焰也很持久。

2. 高温火枪

用高温火枪点燃雪茄是目前最流行的方法。高温火枪本是工业烧焊用的，火焰温度高达 1300℃，而雪茄则属低温燃烧品，略微抽得密些也会令温度过高而导致味道欠佳，所以燃点雪茄时应该令雪茄离火头 1 厘米以上。

3. 雪茄专用火柴

雪茄专用火柴（图 5-20）是最传统的选择。合适的雪茄火柴应至少有 3 英寸长并且头部

图 5-20　雪茄专用火柴

的化学物质应没有臭味。在点燃雪茄时应该用两根并排着的火柴,以使火焰面宽并且持久。划燃火柴后,先不要急于点烟,待其浓烈的硫黄味散去后,轻轻去掉火柴头方可使用(这时特长火柴派上用场了)。火柴的优点是成分较天然,但防风能力较差。

最理想的火柴是用于点雪茄的香柏木火柴(Cedar Match),只是这种火柴相当昂贵,且不容易购得。也可以用雪茄盒内的香柏木片,将之破开成细枝条,点燃后再使用,但是比较麻烦。

4. 雪松芯或雪松纸捻

吸雪茄烟有一半的乐趣是遵从吸雪茄的礼仪,这种礼仪最真实的表现是用雪松纸捻来点燃它。纸捻用雪松材料做成,点燃以后成为点雪茄的火源。

三、吸食雪茄

抽雪茄

享用雪茄的方式、场合有别于香烟。抽雪茄是一种享受,不能狂抽,避免雪茄烧得太快或太热。有规律地每次抽一小口,慢慢享受,不要将雪茄变成一团火球,那团浓浓的烟只能在口腔里活动,再缓缓吐出。保持雪茄稳定的火候,才能尽情发挥其芳香。而且抽雪茄需要注意的是烟气不能入肺。一次抽不完的雪茄,应留着下次再抽。雪茄末端的烟灰有助于冷却雪茄,使雪茄保持理想的温度和味道。因此,会抽雪茄的人不会像抽香烟那样频繁地弹掉雪茄末端的烟灰,而是尽量让烟灰自然断裂在烟灰缸里。此外,他们不会用力喷出烟雾,只是轻轻吐出。

吸食雪茄时还要注意雪茄是否完美燃烧。一般来说,如果是完美燃烧的雪茄,在将雪茄灰掉落后,雪茄头的截面应该是相当平整的。一支精心制作的雪茄,其燃烧的部分应该保持在 3/8 英寸左右(图 5-21)。

图 5-21 雪茄燃烧

一般来说,会有以下四种不完美燃烧情形(图 5-22)。

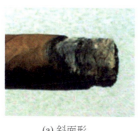  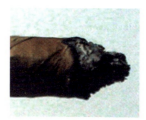

(a) 斜面形　　　　　　(b) 飞跑形　　　　　　(c) 圆锥形

图 5-22 部分不完美燃烧情形

(1) 斜面形。这是由于雪茄的一边燃烧得比另一边快。这与雪茄客的品尝技巧有关,要注意点燃时一定要全面。这种情形比较容易避免。

(2) 飞跑形。这是由于雪茄茄衣烟叶的燃烧速度不均匀。由于雪茄外衣中存在粗大的叶脉或叶茎,这些叶茎就会成为快速燃烧的引线。

（3）圆锥形。这是由于茄衣的燃烧速度快于茄心。这时的雪茄无异于一支燃烧的铅笔。

（4）隧道形。这是由于茄心的燃烧速度比茄衣快,从而使雪茄的内部温度要比外部高许多。此种燃烧情形说明雪茄的茄心与茄衣配合不好。

出现以上问题的原因主要在于：烟叶的配合不当；差劲的雪茄揉卷；使用了含有粗大叶茎的烟草；烟叶在揉卷过程中被弄湿了。

针对以上原因,具体的解决方法有以下几种。

（1）尽可能地让雪茄在保湿箱中多停留一些时间。所有的雪茄,揉卷以后稳定的时间越长,燃烧就越完美。所以,如果将雪茄放在保湿箱中熟化3个月以上,雪茄的燃烧状况就会有非常巨大的改变。

（2）将燃烧慢的一面转向下方。这是由于雪茄不会在燃烧中吸取氧气,下部的烟草会由于氧气充足而燃烧得快一点。这是一种使雪茄保持完美燃烧的十分简易有效的方法。但是此法在阻止飞跑形燃烧时力度不够。

（3）尽量放慢吐烟的速度。特别是在飞跑形燃烧的情况下,由于飞跑形燃烧是雪茄茄衣中存在粗大叶茎,因此每一次的吸吐都会帮助叶茎飞速燃烧。通过降低吸吐的速度,可以使茄心的燃烧速度加快,这是因为茄心中的热量比雪茄外部表面的热量多。

（4）在燃烧快的茄衣下方用指甲沾上口水将其弄湿,这种方法不是十分高雅,但是确实十分有效,可以为飞跑形燃烧立起一道防火墙。

（5）用点火器来纠正不完美的燃烧,但这种方法会使雪茄炭化,并且使雪茄的风味变得辛辣。

四、雪茄的执握法

根据欧美鉴赏协会的标准,雪茄的执握法有两种：扳机手和三指握法（图5-23）。扳机手是用右手（或左手）的食指与大拇指握雪茄的中段,若以雪茄标签为基准,就是在雪茄标签前2厘米的位置。三指握法则用右手（或左手）的食指及中指在上,大拇指在下握住雪茄。

从雪茄文化的标准来说,执握雪茄切忌用香烟的执握法,也就是食指和中指成V字形。美国前总统约翰·肯尼迪的四指执握法则是在上方多用了无名指,对于许多偏好抽较大尺寸的雪茄朋友提供了另一种选择。

英国前首相丘吉尔独到的雪茄执握法不但更有特色,而且更有雪茄客的威严——叼法。丘吉尔抽雪茄的时候叼在口中的时间居多。叼法是直接将雪茄含在口中,用上下门牙直接咬住雪茄的头部。在头部留下齿印是雪茄客津津乐道的情趣。

图 5-23　扳机手（左）和三指握法（右）

五、熄灭雪茄

首先，千万不要将雪茄像香烟般掐灭。掐灭的雪茄会散发出令人不愉快的气味，并形成不忍目睹的杂乱堆，极为不雅。最适宜的处理办法是将它温柔地放置于雪茄烟灰缸中。雪茄没有添加助燃物质，因此不会像卷烟那样，不吸的时候也会持续燃烧。雪茄待平稳搁置后会自行熄灭。

六、重新点燃雪茄

如果吸不完一支雪茄并想迟些时间重新吸它，按下面的步骤操作：掸落烟灰并且从雪茄烟体中吹出烟气，然后让雪茄自然熄灭，如果烟气留在雪茄烟体中，烟气将分解，而水汽的加重将产生异味，最后可以用裁刀切去燃过的那头，以便迟些时间再吸。

如果雪茄抽到半截熄灭了，也很正常，特别是抽到大半截时熄灭。这时可以轻敲雪茄，让烟灰掉下来，再吹一吹，将余烟清掉，重新点燃。一般一支雪茄熄灭后隔几个小时再抽，口味不会有什么变化。但隔天再抽，就没有那么顺畅了。

第三节　雪茄品牌

一、科伊巴

古巴代表——科伊巴（COHIBA）。

科伊巴来自一个古老的印第安词汇（Cochiba）。1942 年，哥伦布到达美洲后，发现当地印第安人用一种叫 Cochiba 的植物的叶子卷成筒子吸食，而这种筒子就是后来成为烟草的 Tobaco。

20 世纪 60 年代中期，一位卡斯特罗的贴身保镖喜欢向当地雪茄工匠秘密购买雪茄，没想到卡斯特罗抽后非常喜欢，于是聘请爱德华多·里贝拉（Eduardo Ribera）专门为他制作雪茄，制作地点是在严密监控的哈瓦那郊区的一座

雪茄品牌 1

意大利式的豪宅里。起初,该雪茄没有名字,直到 1968 年才以"科伊巴"的名字命名,开始生产 3 种尺寸规格:Lancero、Corona Especial 和 Panetela,每种都是卡斯特罗非常喜爱的。

1968 年,阿韦利诺·拉腊(Avelino Lara)从里贝拉手中接管科伊巴。他订下的三项原则使得科伊巴雪茄成为名牌雪茄(图 5-24)。第一项原则是"精选再精选"。在他的提议下,在布埃尔塔阿瓦霍地区建立了 10 个顶级烟草园(Vegas),每年他挑出 5 个最好的烟草园种植茄衣、茄套、浅叶、干叶和淡叶。第二项原则是采用一种独特的三段式发酵,这在各种哈瓦那品牌雪茄中是独一无二的,烟叶加入湿气后放入木桶中发酵,以除去叶子残余的粗糙痕迹。第三项原则是卷制科伊巴雪茄的卷烟工人必须素质优良。所以,在埃尔拉吉托烟厂的卷烟工人全部是女性。

图 5-24　科伊巴

到 1982 年,带有传奇色彩的科伊巴宣布:他们的市场定位更倾向于平民百姓,而供应西班牙皇室及其他国家的王公贵族的份额将逐渐减少。7 年后,又有 3 种尺寸的雪茄闪亮登场:Esplendido(Churchill 尺寸)、Robusto 和 Exquisito。Exquisito 的尺寸较为独特:长 5 英寸,环径为 36 环。这三者中只有 Exquisito 是在埃尔拉吉托烟厂生产的,其余两种则由乌普曼烟厂或帕塔加斯烟厂生产。

为了庆祝哥伦布在古巴发现雪茄 500 周年,科伊巴新上市了 5 种尺寸,称为 Linea 1492(先前的 6 种尺寸现在称为 Linea Clasica)。Siglo Ⅰ、Siglo Ⅱ、Siglo Ⅲ、Siglo Ⅳ、Siglo Ⅴ(Siglo 意思是世纪),这些为纪念哥伦布发现新大陆 5 个世纪而命名的雪茄,与一些如今已不在古巴生产的大卫杜夫雪茄非常相似。据说这些在帕塔加斯烟厂生产的雪茄比 Linea Clasica 雪茄口感风味要淡。而 Linea Clasica 一向以巨大的夸张式的尺寸和少见的浓郁口感而著称。科伊巴各尺寸的雪茄如图 5-25 所示。

图 5-25　科伊巴各尺寸的雪茄

【阅读资料 5-5】

COHIBA BEHIKE

2006 年，COHIBA 推出了——全球限量 100 盒的 BEHIKE（图 5-26）。

BEHIKE 雪茄的保湿盒选择了世界上最好的雪茄保湿盒生产公司——法国巴黎 ELLIE BLEU 生产。其结果不负众望，ELLIE BLEU 的大师用生产皇冠一般的工艺手工生产出了仅仅是让人看到它的第一眼就贵气得让人窒息、让人浮想联翩的保湿盒。

图 5-26　BEHIKE 雪茄及其保湿盒

这是一个以乌檀木为材质、形状如同旅行箱的长方形雪茄保湿盒，在盒的幅面镶嵌了

40块白色珍珠鱼皮,皮上的颗粒大小均匀、光滑。在盒幅面的正中是一个用牛角镶嵌的COHIBA品牌的标志,在灯光的照射下可以折射出不同的颜色。雪茄盒内层为上等雪松木贴面,配合隐藏型人工加湿器件,更好地保证了雪茄的养存条件。雪茄盒整体显得浑厚持重,本身就是一个收藏传世的工艺极品。

BEHIKE的雪茄保湿盒对雪茄的保护也设计得非常科学,它不像一般的保湿盒那样限制雪茄放置的空间,其盒内雪茄的放置空间设计更为合理,2层,20支/层。盒内的空余空间更大。这样更有利于雪茄的"呼吸"。雪茄在这样的条件下保存,主人便高枕无忧了。从技术的角度讲,雪茄经过长时间在雪茄窖或高级雪茄保湿盒内的窖存,雪茄的味道会发生变化,就像窖存的好酒一样,滴滴都是甘露。

COHIBA的BEHIKE雪茄是在2006年为纪念COHIBA品牌诞生40周年而限量生产的,"BEHIKE"这一名称来自古巴古时一个骁勇善战的印第安酋长的名字,一共4000支雪茄,40支/盒。BEHIKE雪茄是完全脱离古巴传统雪茄族谱尺寸的创新雪茄(图5-27)。它长192毫米,直径22.64毫米,环径52环。烟帽处采用像COHIBA的LANCERO那样尾瓣来收尾。外观对熟知COHIBA雪茄的人很有亲和力。

图5-27　BEHIKE雪茄

BEHIKE雪茄使用的烟叶是从用古巴西方省(Pinar del Ri)。VUETA BAJO地区的特级烟叶中发酵5年左右的精品中精选出来的。5种烟叶的色泽、质地、香气都是最完美的。雪茄外皮手感油质丝滑。雪茄本身极富有弹性,就连雪茄帽处尾瓣都不僵直,湿润柔软。

BEHIKE雪茄的味道保持了COHIBA浓烈的味道的特点,每口都可以强烈地感觉到它独特的酵香气。它的透气和燃烧性都很好,抽这样粗大的雪茄一点也不费劲,享受时口感酣畅、缠绵,雪茄燃烧姿态幽雅。雪白的烟灰丰厚着实,可以保持雪茄燃烧时最好的温度。

谈到BEHIKE雪茄就要谈到她的创造者——9级卷制大师Norma Fernandez。Norma Fernandez女士在古巴生产雪茄最高级的雪茄工厂——LAQUITO(小湖)工作。

这里生产所有的 COHIBA 品牌的十多款雪茄,并且为古巴政府生产国宾礼品雪茄。

Norma 女士从事雪茄卷制工作已经 40 年有余。正是因为这个原因,古巴雪茄烟草公司(HABANO S. A.)指定她一人卷制了全部限量发行的 4000 支 BEHIKE 雪茄。

在多米尼加制造的科伊巴雪茄如今在美国的一些雪茄店里有售,但这和前述的古巴制的科伊巴雪茄无关。多米尼加生产该雪茄的通用雪茄公司早在 20 世纪 80 年代初就向美国注册了科伊巴雪茄品牌。

二、玻利瓦尔

著名的玻利瓦尔(BOLIVAR)雪茄是最容易辨认的古巴雪茄之一,其标签和盒子上都印着 19 世纪委内瑞拉革命家西蒙·玻利瓦尔的肖像(图 5-28),他是将西班牙统治者逐出南美的解放者。这一品牌曾经一度因生产迷你型的雪茄而独具特色,它甚至为英国温莎堡的皇家保育院中的玩具小屋生产过一盒小巧玲珑的雪茄。

玻利瓦尔品牌是由罗查(ROCHA)公司于 1901 年设立的,共有 20 多种型号,大多数尺寸的雪茄是由机器制造的,因此在购买此类雪茄的时候要格外留心。玻利瓦尔是古巴雪茄中最便宜的,口感最为强烈。市面上也可以看到多米尼加生产的玻利瓦尔雪茄,香气不浓,但是品质上乘,采用喀麦隆茄衣,口感温和至浓郁。多米尼加生产的玻利瓦尔雪茄仅有 5 种尺寸。

图 5-28 玻利瓦尔

三、蒙特克里斯托

蒙特克里斯托(MONTECRISTO)是迄今为止哈瓦那雪茄中最受欢迎的(图 5-29)。古巴每年出口的雪茄中约有半数是该品牌,该雪茄上贴着简单的棕色和白色相间的标签。

1935 年,阿隆索·梅内德斯(Alonzo Menendez)和佩佩·加西亚(Pepe Garcia)创立该品牌时,曾故意限制产销量,只推出 5 种尺寸。当时,他们刚从英国弗朗科公司手中购得鸟普曼品牌,重点放在扩充量上。蒙特克里斯托前身是鸟普曼的 Montecristo Selection 系列,被寄放在纽约的登喜路公司旗下代售,当时它是极被看好的品牌,同时也是检验梅内德斯的烟草技术和加西亚的生产知识的试金石。

后来受另外一个英国代理商约翰·亨特(John Hunter)的影响,这一雪茄品牌才有了简

图 5-29 蒙特克里斯托

化的名字"Montecristo"。由于弗朗科公司负责乌普曼雪茄的销售,并希望蒙特克里斯托雪茄能独立出售,所以亨特公司设计出了雪茄盒上醒目的红黄色交叉剑的商标图案。

第二次世界大战时,哈瓦那雪茄销往英国的渠道被中断,因此该品牌主要集中在美国的登喜路烟店出售。电影导演希区柯克(Alfred Hitchcock)很早就醉心于蒙特克里斯托,他甚至定期将雪茄寄给受战时物资限制而抽不到雪茄的英国朋友。

第二次世界大战之后,蒙特克里斯托又增了 Tubos 尺寸。古巴革命后不久,梅内德斯和加西亚的家庭便搬迁到加那利群岛。但古巴岛上仍生产少量蒙特克里斯托雪茄,由留在岛上的人称"Masinguila"的传奇人物约瑟夫·曼努埃尔·风萨雷斯负责产制。

在 20 世纪 70 年代早期,这一品牌又添加了 A 和以 COHIBA 旗下 Laguito No. 1、No. 2、No. 3 为范本制成的 Especial、Especial No. 2 和 Joyita 三种新的尺寸。之后,此品牌便飞速发展,成为许多名人的最爱。

蒙特克里斯托雪茄采用特有的稍油滑的茶色茄衣,气味柔和,风味中等浓郁至浓郁,有一种独特而浓烈的口感。

四、帕塔加斯

帕塔加斯(PARTAGAS)是哈瓦那雪茄中最老的品牌之一(图 5-30),由唐·热姆·帕塔加斯(Don Jaime Patragas)在 1845 年创立,其旧烟厂仍然存在,位于哈瓦那市中心。这一品牌目前仍享誉世界,这不仅是因为其产量很大(此系列有不下 40 种尺寸,其中许多是机器制雪茄,并且用玻璃纸包装),而且因为其拥有多米尼加通用雪茄公司制的雪茄,

雪茄品牌 2

它采用哈瓦那种子种植的喀麦隆茄衣,由古巴著名的雪茄家族中的梅内德斯和西富恩特斯联合监管。古巴制雪茄和多米尼加制雪茄的区别在于:前者标签底部印有"Habana"字样,而后者则印有"1845"字样。

图 5-30 帕塔加斯

古巴的帕塔加斯雪茄品质参差不齐。较大尺寸的雪茄,如 Lusitania,特别是卡比内特(Cabinet 50s)公司生产的雪茄,其品质的确非常优秀;但是对一些小尺寸的雪茄而言,机制雪茄较手工完成或手制雪茄抽吸困难。总的来说,此品牌口感丰富,浓郁而带有土味,尤以粗胖型雪茄(如 Serries D No. 4)表现得最明显,是大餐后的一种理想选择。

手工制多米尼加帕塔加斯雪茄尽管结构精良,但茄衣品质不稳定,尤其是粗胖型雪茄。这一品牌的顶级雪茄品质好,但价格也相对较昂贵。它们通常采用暗红褐色茄衣,有时也采用深褐色茄衣(如长度 6.25 英寸、环径 47 环的雪茄),其茄心由牙买加、多米尼加和墨西哥种植的烟草混制而成。多米尼加的帕塔加斯雪茄共有 14 种尺寸,通常编以号码,其表面圆润光滑,风味中等浓郁至浓郁,略带甜味。

五、乌普曼

赫尔曼·乌普曼(Herman Upmann)出身欧洲金融世家,平时酷爱抽雪茄,在 1840 年左右,他自愿到哈瓦那开银行。他寄回家乡的雪茄很受欢迎,于是在 1844 年他投资创立了一个雪茄工厂,银行和烟厂生意都做得春风得意,直到 1922 年,银行宣告破产,雪茄生意也由此颓废。一家名叫弗朗科(J. Frankau Co.)的英国公司拯救了这一雪茄品牌并经营该工厂,直到 1935 年工厂被卖给了梅内德斯·加西亚烟草公司。

1944 年,一家新的乌普曼工厂在哈瓦那的加勒·阿米斯特德(Calle Amistad)开张,以纪念乌普曼企业创立 100 周年。

乌普曼雪茄（图 5-31）风味温和至中等浓郁，表面圆润光滑，抽起来较为细腻。总的来说，雪茄品质是令人满意的，但有时候，特别是机制雪茄，结构不佳而且燃烧时雪茄过热，抽后有一种苦味。作为初学者或便餐后的消遣，这种雪茄再好不过了。古巴的乌普曼雪茄的尺寸超过 30 种，但彼此之间大多很近似。大量的乌普曼雪茄装在管中出售（包括机器制雪茄），但只有手制乌普曼雪茄出口到英国。

图 5-31　乌普曼

手制的乌普曼雪茄也在多米尼加的联合雪茄公司生产。它采用喀麦隆茄衣和拉丁美洲茄心，雪茄品质令人崇尚，制造精良，风味温和至中等浓郁，通常采用红褐色的油性茄衣。盒装雪茄的尺寸有 12 种，另外还有 6 种管装的雪茄尺寸。非哈瓦那制乌普曼雪茄上的标签印有"H. Upmann 1844"字样，而古巴制的则印有"H. Upmann Habana"字样。

六、罗密欧·朱丽叶

罗密欧·朱丽叶（ROMEO Y JULIETA）是最著名的哈瓦那雪茄品牌之一（图 5-32），在英国非常受欢迎，更是英国前首相丘吉尔最喜爱的品牌，在世界上享有盛誉。其品种繁多，有 40 多种尺寸，常采用铝管包装，并有许多机制尺寸。尽管因尺寸较多导致雪茄品质难免鱼龙混杂，但此品牌下的一些雪茄的品质仍属上乘，更有许多雪茄是极品。

此品牌的早期成功应直接归功于罗德里格斯·费尔南德斯（Rodriguez Fernandez）的不懈努力。他在担任哈瓦那的库巴那斯（Cabanas）烟厂经理时，因不满烟厂被美利坚烟草公司（American Tobacco）接收，于 1903 年辞职，利用自己的积蓄买下了一家小有名气的烟厂。该厂自 1875 年起就一直生产一种称作罗密欧·朱丽叶品牌的雪茄，主要销往古巴国内市场。但他的雄心壮志还不只如此，为激励员工，他将公司 30% 的利润分给各部门主管，自己周游世界进行促销活动，短短两年之内，员工增至 1400 名，于是搬迁到了更大的工厂。

图 5-32　罗密欧·朱丽叶

为了满足君王、州长等达官贵人的需求,费尔南德斯专门设计了个人化的雪茄标签(曾有一个时期烟厂生产了 2000 种不同标签)。他始终投身于自己的烟草事业中,对自己的品牌几乎到了痴迷的程度。他除了将他的赛马取名为朱丽叶外,还试图买下意大利维罗纳(Verona)的卡普莱特(Capulet)剧院,该剧院曾上演过莎士比亚的戏剧。虽然不能如愿,但他获准在那个著名包厢下拥有一个专属座位。到 1939 年,每个在这里看戏的观众都可免费享受一支雪茄。费尔南德斯于 1954 年去世。

著名的罗密欧·朱丽叶的丘吉尔尺寸采用管装,制造精良,香味极好,但管装雪茄有时较新鲜,结果是成熟度不如盒装雪茄好。

多米尼加也生产罗密欧·朱丽叶雪茄,其 Vintage 系列采用康涅狄格茄衣,Standard 系列则采用颜色较深的喀麦隆茄衣,这两种系列品质均很好,制作精良,前者风味特别温和。

七、大卫杜夫

大卫杜夫(DAVIDOFF)的风格和品质一直是全球争论的热点。它除了经营主打产品雪茄外(图 5-33),还经营男性香水、领带、眼镜、白兰地、保湿器和公文包等。

大卫杜夫(图 5-34)于 1994 年 1 月 14 日在其 88 岁高龄去世,他本人就是一部活生生的 20 世纪历史。他在基辅(Kiev)出生,一家人为逃避大屠杀而在日内瓦定居并开设烟店,当时列宁就是他的客户之一。后来大卫杜夫到中南美洲旅行,最后抵达古巴,这改变了他的一生。第二次世界大战结束时,他在法国的维希囤积了很多稀有的上等哈瓦那雪茄。1947 年,他凭着天生的个人魅力和深厚的烟草知识,根据奥约·德·蒙特雷雪茄的 Cabinet 系列,创造出了他自己的 Chateau 雪茄系列。1969 年,在 66 岁时,他得到了古巴哈瓦那品牌工业界的嘉奖。

从 1970 年开始,大卫杜夫与当地瑞士进口商恩斯特·施奈德合作研发了一系列雪茄。大卫杜夫哈瓦那雪茄拥有 3 个系列,每种均有自己独特的风味。Chateau 系列风味最为浓烈,Dom Perignon N. 1、No. 2 和 Ambassadrice 最为清淡,而 Thousand 系列的风味则处于浓郁和清淡之间。

图 5-33　大卫杜夫雪茄及其商标　　　　　图 5-34　大卫杜夫

目前这些雪茄已不再生产了，造成这种可悲的结局主要是因为公司和古巴国营烟草局之间存在严重的争端，哈瓦那的大卫杜夫烟厂从 1990 年 3 月起停产，并被迁到了多米尼加。

八、登喜路

一提到优质雪茄，人们就会想起英国老牌烟草公司艾尔弗雷德·登喜路（Alfred Dunhill）（图 5-35）。1935 年，梅内德斯·加西亚（Menendez Garcia）烟草公司通过登喜路公司推出第一个雪茄品牌——蒙特克里斯托，还有两个家庭型的品牌——唐·坎迪多（Don Candido）和唐·阿尔弗雷多（Don Alfredo）。20 世纪 80 年代，登喜路公司开始创立自己的哈瓦那雪茄品牌。有些尺寸如 Cabinetta 和 Malecon 系有红色标签，上面印有公司细长的"d"字商标。登喜路哈瓦那极为稀有，所以也鲜为人知。

登喜路目前有两种令人称赞的雪茄系列：一种是产自多米尼加的 Aged Cigar，它在美国、欧洲和中东均有售；另一种产自加那利群岛。

Aged Cigar 系列有 13 种尺寸，采用多米尼加茄心，茄衣采用美国康涅狄格的烟叶，上市出售之前至少需要 3 个月的熟成。中等价位的雪茄外观精美，贴有蓝色标签，制造精良，混合合理，燃烧均匀，风味独特，中等浓郁至浓郁，而且一点也不呛人，并带有淡淡的芳香。尤其独具匠心的是，在标签上还标明了烟叶采集年份，表示该年是烟草大丰收年。

图 5-35　登喜路

Canary Islands 雪茄系列尺寸较少，总共只有 5 种尺寸，贴有红色标签，十分醒目。这些雪茄风味温和至中等浓郁，带有甜味，虽结构良好，但有点粗糙，不够圆润光滑。

九、格里芬斯

格里芬斯(GRIFFIN'S)是大卫杜夫早期的弟子伯纳德·格罗贝(Bernard H. Grobet)的智慧结晶(图5-36)。以日内瓦为基地的伯纳德早在几十年前就看到了多米尼加生产的雪茄的市场潜力。最近,该品牌的生产和市场动作受到他的指导组织大卫杜夫·谢(Davidoff Cie)公司的影响而得到发展。格里芬斯雪茄采用浅色康涅狄格茄衣,外观良好,结构优良,它将多米尼加茄心的风味表现得淋漓尽致,但价格昂贵。

图 5-36　格里芬斯

【课后思考】

1. "雪茄"名字的来历是什么?"雪""茄"分别代表什么意思?
2. 雪茄的构造分成哪三部分?
3. 雪茄的尺寸单位是什么?其形状通常有哪几类?
4. 如何鉴别雪茄?
5. 各种雪茄裁刀的优缺点有哪些?
6. 如何正确地点燃雪茄?火源有什么要求?

【项目作业】

选择一家雪茄吧进行雪茄品牌、型号、价位、雪茄相关用具的实地考察,收集相关数据并制作成PPT在课堂上进行成果汇报。

第六章

烟斗

人们总是从一些小细节来观察男人，比如一条领带、一双袜子，或者一支笔。而烟斗也是一个不可忽视的细节。烟斗客是注重享受与品位的一群人。大文豪赫胥黎说："烟草，温和而有节制，它甜化坏脾气，也是发脾气时的平衡杆。"烟斗似乎也被冠以成熟男人的标志，因此，有人开始痴迷烟斗，在收藏欣赏中体味作为烟斗客的乐趣。

【课前导入】

> 烟草传入中国始于明代。当时烟民使用的烟具主要是旱烟袋（常说的长烟袋锅）、水烟袋和鼻烟壶。烟斗16世纪在欧洲流行，17世纪各式烟斗风靡欧美，18世纪英国盛行制作珐琅质盘形烟斗，19世纪流行巴洛克风格长烟斗。清代，外国使馆和商人将烟斗引入我国，并以单纯的烟具演变成今日的工艺美术品。
>
> 一直以来，不少著名的形象都与烟斗联系在一起，国外的有苏联的斯大林、美国的麦克阿瑟将军、英国的丘吉尔首相，国内的纪晓岚等。据爱因斯坦回忆，自己在工作时，会在桌子上摆上一排烟斗，思考时就点上一根。
>
> 马克·吐温也曾写道："如果天堂没有烟斗可抽，我宁愿下地狱。"
>
> 在中国，也有关于烟斗的趣闻。我们熟悉的历史名人纪晓岚，他的三大爱好之一就是抽烟。乾隆皇帝知道他嗜咽如命后，便"赐斗一枚，准其在馆吸食"，纪晓岚也由此自称是"钦赐翰林院吃烟"。
>
> 而时至今日，烟斗又脱离了传统的印象，演绎出另外一番时尚。

【教学目标】

1. 知识目标

（1）了解烟斗文化及其象征意义。

（2）熟悉烟斗的材质。

（3）了解烟斗的品牌。

2. 能力目标

能够正确地从工艺品的角度鉴赏烟斗。

【教学重点】

石楠木烟斗材质及品牌鉴别。

【教学难点】

鉴别烟斗材质。

第一节 烟斗的历史和文化

一、烟草的历史

欧洲人的烟草发展史始于 1492 年,但烟草进入人类社会则始于原始社会的拉丁美洲。早在 4000 年前,居住于今天墨西哥的玛雅人(图 6-1)已开始种植和吸食烟草。当时的拉丁美洲人还处于以采集和狩猎为主要生产活动的时期。人们在摘尝植物时,尝到烟草辣舌,有醉人的香气,能提神解乏,把它当作刺激物。但咀嚼次数多了之后,它渐渐成为人们的一种嗜好。烟草的种植及吸食便迈出了进入人类生活的第一步。

烟斗历史

图 6-1 玛雅金字塔

人类由咀嚼烟叶而演变到吸烟与原始社会的祭祀有关。因为当时人们崇拜天神、祖先,要把好吃的东西奉献给他们。烟草有醉人的香气,具有消除疲劳、利于提神的作用,甚至能治疗疾病。人们认为烟草得到了"神"的帮助,是一种"神草"。那时,吸烟是一种宗教仪式,由司祭的神职人员执行。人们在美国亚利桑那州北部的柏布罗城发现公元 650 年印第安人居住的洞穴中有大量宽大的烟叶和烟斗等遗物,说明烟斗至少已有 1300 年的历史。美洲的土著们用烟来祈祷神灵,抚慰灵魂,用烟把他们的心愿寄托到神灵的所在地,以求得保佑。本来是人吸烟,他们却认为是神在吸烟。如西乌人在准备吸烟时,点燃烟袋后将烟袋伸向太阳说:"吸吧,太阳神!"纳切斯人在太阳升起时给首领点烟,冒出的烟先向东方,然后再向其他 3 个方向,以敬太阳神。由此可以推测:可能是人们在祭祀时嗅烟的行为转变为点燃烟草将烟雾吸入口中,也可能是人们在篝火旁咀嚼烟草时,烟叶掉入篝火中燃烧产生了烟雾,人们吸到烟雾,感到同咀嚼烟草一样过瘾,从此逐渐形成吸烟的嗜好,不过这种吸烟起源的推想,目前还得不到古文献或考古实物的佐证。然而,在人类社会学著作中,如苏联柯斯文的《原始文化始纲》和美国摩尔根的《古代社会》都曾指出,美洲印第安人早在原始社会时期就有吸烟的嗜好。吸烟不只是古代美洲印第安人日常生活中的小事,而且是部落中进行宗教活动、行政活动时的大事。

人类吸食烟草还有一种非常独特的方式——喝烟。

喝烟是非洲的一种吸食方式。他们把烟叶熬成浓汤,然后喝下去。每年秋收后,将烟叶制成长条,晒干,在瓦罐中撒上糖和甘油并密封,埋在土里两三年。要饮时,便取烟条熬成汤,装入瓶中随身携带。这种烟汤的辛辣程度要比烟叶本身高几倍,同时还有浓郁的香甜味,而且无毒性。

二、烟斗的历史

抽斗烟是美洲印第安人部落的老传统。虽然不同部落的人所用的烟斗有所不同,但是一般都是用黏土、木料、大理石或玉石制成的。对于各部落来说,最重要的烟斗是象征战争与和平的烟斗。象征战争的烟斗外形看起来像北美印第安人所用的战斧;而象征和平的烟斗则是经过精心修饰的,是部落的传家宝。1556 年,美国弗吉尼亚州的行政长官首次在大英帝国用烟斗吸烟。伊丽莎白时代的英格兰,人们已开始制造和使用烟斗。一直到 17 世纪中期,吸烟仍被人们称为 Drinking,据说是因为人们在吸烟时有这样一个习惯——从嘴里吸入烟气,从鼻孔呼出烟气。当时,在英格兰的留学生把抽斗烟的习惯从英国带到了荷兰和德国。为了制造斗烟丝,1615 年,人们开始了规模较大的商业烟草种植。烟草能在欧洲大面积种植,荷兰的烟草种植者起到了带头作用,他们是烟草业发展的开拓者和急先锋。

人类用烟斗或者一些奇形怪状的烟斗类器具吸食某种干植物叶的历史由来已久,但若论对当时及后世影响最大,使烟斗成为某种文化象征的非英国人莫属。据史料所载,第一支成型的英国烟斗大约是在 1700 年左右出现的,用陶土制成,有长长的略带弯曲的烟杆,长烟杆是为了便于烟客在抽烟间歇时把烟斗横搁在沙发的扶手上,小小的斗钵下还有一个突起,这是为了防止烧热的斗钵烫坏沙发的表面。这种长长的烟杆成为后来 Churchwarden 式样(图 6-2)的原形。

图 6-2　Churchwarden 式样

当时的烟斗还没有普及到人手一支的地步,于是伦敦的小酒馆便在店堂里放置了一些公用的烟斗供领风气之先的烟友们享用。但后到者当然不愿把沾有别人唾液的烟嘴再咬于自己的齿间,好在长长的陶土烟杆并不结实,所以烟客们往往先折断沾有别人唾液的那一小段再开始享用,这样过了几天后,烟杆会变得越来越短。眼见自己精心设计的烟斗被漠然视之且如此糟蹋,烟斗制造商们一怒之下,干脆转而大量生产短杆的烟斗,从而在外形上确立了现代烟斗的基本造型。1840 年,一位叫弗朗索瓦·考莫(Francois Comoy)的先生发现用石楠木(Briar)树根刻成的烟斗既不易被烟火烤损,又轻巧结实,不像陶土那么脆弱易碎,遂于 1854 年在英国推出第一支石楠木树根制成的烟斗,就此揭开近代树根烟斗的历史。19 世纪,树根烟斗随着大英帝国的扩张而被推向世界。

近代烟斗的盛世大约是在20世纪60年代,彼时烟斗客的人数和烟斗烟草的消费量都达到了最高峰。随着嬉皮运动的兴起,年轻一代与烟斗渐行渐远,烟斗的命运也在20世纪90年代初期跌到了历史的低谷。正当人们以为烟斗将成为博物馆的收藏品和老爷爷的象征的时候,烟斗自20世纪90年代中期竟开始了意料之外、情理之中的复兴。烟斗客的数量连年以两位数的增长率上升,一时引得坊间众人瞩目,名士高人在主流媒体上众说纷纭,视为一大文化现象,就连在商界享有权威的彭博电讯(Bloomberg)也对烟斗行业的复兴及其前景进行了分析。特别引人注目的是,这次带动烟斗复兴的主力不是怀念旧时代的老爷子们,而是30～40岁通常被视为社会中坚的专业人士和自由职业者,从而更成为某种社会、文化风气走向的信号。

三、名人与烟斗

在欧美,烟斗往往代表一种身份,是绅士的象征。但在很多国家,烟斗又是普通劳动者的用品,中国的早烟就是最典型的代表。在没有纸烟的年代里,除了富人们享受的雪茄外,烟斗就是吸烟的基本工具。在烟斗家族中,品质好坏、用材不同、造型各异的烟斗也是身份、等级的明显区分物。因此,在历代的烟斗中,不乏制造精细、用料考究者,从而渐渐地凸显出其独特的艺术收藏价值。

烟斗的形象气质

于是烟斗成了一种标志,特别是在达尔文所在的那个年代,那位伟大进化论者在逐步完善物竞天择、适者生存的理论的同时,也亲眼见证了英国中产阶级的诞生。而作为英国早期的中产阶级,其典型的身份象征之一就是叼着烟斗的样子——他们把烟斗尊崇为本阶级的图腾,烟斗的作用就在于既能标榜个性,又能唤起他人的尊重。

在今天,烟斗特例于其他吸烟方式的地方也在于文化品位上的象征意义——或者是最没有文化的人,或者是最有文化的人。对前者而言,抽烟斗如凉茶,痛饮解渴;对后者而言,抽烟斗只是使人沉静。早期的欧洲医生甚至认为,通过烟斗摄入的烟气是治疗气喘、呼吸短促、瘘病和长期咳嗽的特殊良方,另外,它还可以治疗体液黏稠、肥胖和体内水分过多等多种疾病。现代医学作家库尔特·波利施认为,抽烟属于一种极其丰富而又变化无穷的表达目的和表现力的综合运动。从运动医学上讲,抽烟可以使人从紧张状态进入一个比较安静的运动心理状态。人们在抽烟的过程中又重新唤回那些很有用的零散思维,大多数的作家、学者已经习惯于在吸烟的过程中进行思考。

马克·吐温曾说:"如果天堂里没有烟斗,我宁愿选择地狱。"爱因斯坦(图6-3)更是一位忠实的烟斗爱好者。在工作的时候,他喜欢事先把烟丝装满几支烟斗,在自己的面前放上一排,随时取用。爱因斯坦在缭绕的烟雾中发现了推动人类文明的"相对论",写下了震撼世界的"$E=mc^2$"。1950年,当爱因斯坦被蒙特利尔的一家烟斗俱乐部吸收为终身会员之后,他告诉人们:"我相信用烟斗抽烟可

图6-3　爱因斯坦

以使我们对人世间的事情有某种比较冷静而客观的判断。"据说物理学家牛顿也酷爱用烟斗。一个故事说，一次，牛顿陷入沉思的时候，曾经把情人的一个手指误认为烟斗的通条，抓起来硬往他的烟斗里塞。

正因为这些名人、伟人效应，烟斗的身份被提升至顶级，成为富有、绅士、贵族的代名词。

了解了以上名人对烟斗的喜爱，我们会在不经意间发现烟斗竟暗合了几种品质：从容、内敛、思考、自然。世界上爱好烟斗的男人，大都是一些严肃的、深沉的、高度理性的男人。丘吉尔首相曾经在他的《二战回忆录》里写道："这是我一生中值得纪念的一刻，我右边坐着美国总统，左边是苏俄的主人。我们三人一起，控制了全世界绝大部分的海军和3/4的空军，可以指挥将近2000万军队，进行着人类历史上从未有过的一场最可怕的战争。"——他所说的这个"值得纪念的一刻"，即1943年11月的"德黑兰会议"期间的一个夜晚，美、英、苏三国领导人在一起讨论开辟"欧洲第二战场"的问题。就在这个值得纪念的时刻，丘吉尔的手里握着一只结实的石楠根烟斗，斯大林那一排浓重胡须下面叼着一支巨大的枣木烟斗，罗斯福抽的是"骆驼"牌香烟，但是他把他的烟卷装在一支长长的烟嘴里来抽。

烟草具有"提神"和"镇定"两种对立统一的效果，如果说香烟的使用价值在于"镇定"，那么烟斗的使用价值则在于"提神"。因为人们常常是在紧张、恐惧、仓促不安、疲惫不堪的时候抽香烟，而烟斗则必须在闲适的时候从容地去享受。这就是香烟与烟斗在身份上的不同。看电影时经常会看到这样一个情节：犯罪分子在接受审讯的时候，往往会对警察请求"能给我一支烟吗？"抽完烟后，他一五一十地交代问题。但是，他敢要烟斗吗？即使给他一支烟斗，恐怕他也没有心情抽一口。

第二节　烟斗的构造和材质

说起烟斗，人们必然会联想到过去的旱烟，那曾经是众多男人手中的必有之物。自己动手，将一块拣拾而来的枣木疙瘩经过车、铣、刨、磨等一番加工，再配上一个差不多的烟嘴，就成了一个烟斗。清朝时，男人们更多的是喜欢那种铜头的烟锅，加上一根长长的烟管，尽头上再配一个玉制的或翡翠的烟嘴，人们亲昵地称它为"烟袋锅"。算起来，这应该是烟草文化最为原始的工具了。

一、烟斗的构造

一般的烟斗都是由以下9部分组成，每一部分都有它特殊的功用(图6-4)。

(1) 斗钵壁(Bowl)——斗钵的外壳，是斗钵存在的依托。

(2) 斗柄(Shank)——连通斗钵，烟草燃烧后所得的烟气从中通过。

(3) 口柄(Stem)——连接斗柄，此部分可拆卸，以方便清洁。

(4) 榫(Tenon)——连接口柄和斗柄的凸榫。

(5) 烟嘴(Mouth Piece/Bit)——用来吸烟的部分，一般都是凸缘设计，以便牙齿能轻轻将它咬住，防止烟斗滑落。

图 6-4　烟斗的构造

（6）斗钵（Pot）——盛放烟草的部分。

（7）积炭饼（Cake）——通过预先加工或者多次烟草燃烧，慢慢积存起来形成的，对阻隔高温传导到斗壁、防止内壁烧穿，以及改善烟草的风味起到不少作用。

（8）滤嘴口（Filter）——用以接放滤芯，过滤水汽、烟灰微粒及降低烟气的温度。有的烟斗甚至具有特殊设计的"系统装置"（Systems），以进一步达到以上目的。

（9）烟道（Flue）——烟通过这里进入口柄部分。

此外，根据烟斗造型、功用和装饰等方面的不同，有些烟斗的构造更加复杂，有些比较高档的烟斗在斗柄口配置了金属或者其他材质的饰圈，起到装饰和保护斗柄接口的作用。

烟斗的烟管通常有3毫米、6毫米和9毫米三种规格。3毫米烟管能抽出烟丝的原味；6毫米烟管的味道较淡；9毫米烟管的味道更淡。通常，3毫米烟管所用的滤芯为铁质或纸质（图6-5），主要是防止吸到烟草；6毫米烟管的滤芯多为木质或纸质，尤以木质滤芯效果最佳；9毫米烟管的滤芯也有纸滤芯和木滤芯两种。

图 6-5　纸质滤芯

美国烟斗客不爱滤芯，他们认为滤芯会影响或改变烟草的本质，而烟斗客本来就懂得不把烟吸入肺里，无须多此一举。在德国则恰恰相反，有90%的烟斗是滤芯型的，所以很多工厂特地为德国制造滤芯型烟斗。

真正的烟斗客绝对不用滤芯，他们因为热爱烟草本味，宁愿不厌其烦地随时清洁烟斗来代替滤芯的功能。

二、烟斗的材质

（一）石楠木烟斗

石楠木几乎是烟斗的代名词，它使用最广泛，被认为是最合适的烟斗材料（图6-6、图6-7）。

石楠木于1850年开始成为最受欢迎的制作烟斗的材料。它美观耐用，木纹漂亮，耐热吸水。现今用来制作烟斗的石楠木绝大多数来自意大利、法国、希腊、科西嘉和西班牙。在各种石楠木材质中，西班牙摩洛哥石楠木的硬度最低，因此也最适合雕制成烟斗。希腊石楠木最为坚硬，在20世纪60年代，它是制作木纹精美的丹麦手绘烟斗最受欢迎的材料。

石楠木烟斗、烟斗材质及加工

图6-6 石楠木生长环境

图6-7 石楠木

现在许多高级的定制烟斗是由科西嘉石楠木雕制而成的，它像希腊石楠木一样木纹精美，但是又不那么浓密。实际上，在20世纪40年代的战争时期，石楠木很难得到，科西嘉石楠木与阿尔及利亚石楠木同时被用于制作烟斗，因为它们的材质在很多方面非常相似，特别是在密度和纹理方面。早在20世纪60年代，来自托斯卡纳和卡拉布里亚地区的意大利石楠木就已被大量用于烟斗制作，这些木质的烟斗现今正日益受到欢迎。石楠木来源于一种细瘦的灌木，其高度在15~25英尺，通常生长在地形崎岖、岩石丛生的地中海沿岸。然而，这种树本身并不能用于烟斗制作，而是树上最坚硬的树节（图6-8）晒干后被切割成型材或者木块才能最终被制作成一支烟斗。一块石楠木树节长成合格的烟斗制作材料至少需要15年，制作更好的烟斗需要的时间则更长。所以，树龄对烟斗来说就显得格外重要。但石楠木没有年轮，需要通过树枝茂密与否来鉴别石楠木的树龄。

树节在地下生长的时间越长，接触地中海沿岸炎热、干燥、多风环境的时间就越长，其树枝也就越茂盛（图6-9）。正是这种树枝使得石楠木烟斗透气性好，此外，还使烟斗具有一种独特的视觉效果。木材密度、多孔性和树枝模式的结合使得树龄长的石楠木非常适合制作烟斗,并能给使用烟斗吸烟的人带来无尽的享受。

图 6-8　石楠木树节

图 6-9　石楠木根内的液体

在第二次世界大战前,购买到用 250 年树龄石楠木制成的极品烟斗是有可能的。随着用烟斗吸烟的人越来越多,而易于采伐的高龄石楠木被用尽,高等级的烟斗开始用 100 年树龄的石楠木制作,而这种树木本来就为数不多。然而,随着时间的推移,采伐石楠木的成本一直在增长,虽然还可以采伐到高龄树木,但是难度越来越大。到 1984 年,最好的大批量生产的烟斗通常使用 50~70 年树龄的石楠木制作。到 1989 年,绝大多数烟斗是由 25 年树龄的石楠木制成的。

现在,许多大烟斗制造商实际上用的是 15 年树龄的石楠木(少数产品和特殊款式的烟斗还是用树龄为 100 年或者更久的石楠木制造而成)。只有最廉价的 Drugstore Pipe(低质量廉价烟斗的一种统称,通常会用涂漆掩盖裂纹)烟斗是用少于 15 年树龄的石楠木制成的。

按传统,人们从 9 月到第二年晚春收割石楠木。一旦树节从树根采伐出来,就必须手工清除能用肉眼检查到的腐烂或被昆虫毁坏的区域。一般一个树节上只有 10~15 磅的有用石楠木被留下来。每个工人一挖出足够的石楠木来组成一个单元时,他就取走收获物放到事先准备好的收集点(图 6-10)。在那里,这些树节被粗麻布包着保持潮湿,以防止它们产生裂缝;接着它们被放在沸水中去除污垢和树液。然后,它们被运送到锯木厂切割成小块(图 6-11),这些小块最终能被雕刻成一到两支烟斗。在加工过程中,木头里能发现许多隐藏的瑕疵。沙粒的细小纹理、小洞、枝节纹理、木头的裂缝,这些都会破坏一支烟斗的价值。

图 6-10　石楠木根收集点

图 6-11　切割石楠木

人们根据石楠木树节的木色、纹理样式和尺寸来分等级。通常颜色越深、树龄越老、纹理越密、尺寸越大,树节的价格也就越高(图6-12)。分类一旦完成,人们就开始加工处理石楠木,也就是对木材进行陈化和干燥处理。这一处理过程可以在任何地方进行,时间为3个月到5年,这取决于木材的品质和制造商的标准。在陈化过程中,石楠木被保存在通风的棚屋中并被定期弄潮以免干裂。

图6-12 挑选石楠木块

加工处理后,树节将再一次接受检查,干裂或者不能接受进一步处理的将被淘汰,这进一步减少了石楠木的供应总量。平均来说,从50棵健康的树木获得的树节中仅能找到一段没有瑕疵的树节用于制作一级烟斗。最终,根据质量和尺寸,这些树节被分门别类,贴上证书和数字标识。最低等级的标识成为一个基础标准,这类树节被用于制作通过油漆和灰泥掩盖其裂纹或者用皮革或者羽毛装饰的烟斗(图6-13),这样可以使它们对那些根本不抽烟和没有经验的人充满视觉诱惑。下一等级是高级,然后是特级,之后是特高级。当今市场上的大部分烟斗是用带有高级标识的木材制作的,每1000个烟斗中通常会有2~3个一级品。最好(最贵)的高级烟斗出自特级高原石楠木,高原地处偏远,因此其树节最为坚硬。对石楠木进行选择性切割,通常会展示出最美妙的纹理,正常情况下这些纹理只有在老树中才能出现。烟斗制作者都愿意把高原石楠木粗犷的纹理展露在一个完工烟斗的显眼处,以证明烟斗是由高原石楠木制成的。那些特级高原树节经过特殊的手工分拣后,经过一小部分人的加工(图6-14)而成为价格高昂的烟斗,通常单独出售。

图6-13 初步加工的石楠木烟斗

图6-14 手工制作烟斗

此外,还有以下几个等级需要补充说明。

(1)首选与次等。完全没有缺陷的石楠根瘤才算是首选,Dunhill保证只用首选。有缺陷的根瘤,不管缺陷大小,都被列为次等。如果有多处缺陷,并且需以填料补全者归为三等。1000个树瘤中能称得上首选的只有2~3个。

（2）瘤心烟斗。在少数首选石楠木根瘤中，可以切出瘤心的根瘤为数更少。这种 Double Extra Quality 的瘤心叫 Plateau。通常只刻粗坯，等买家亲自鉴定后，再手工制作。

（3）死根。上上之选为死根（Dead Root）。百年石楠自然死亡，留下的根瘤在地底自然干燥，这种根瘤是稀世珍宝，Dunhill 把它称为 DR 级（图 6-15），只有天价才能购得。

图 6-15　登喜路的 DR 级烟斗

（二）海泡石烟斗

海泡石（Meer Schaum）是一种珍贵的多孔矿物，主要成分为含水硅酸镁，是自然界中最具渗透性的物质之一，由数百万年前海中微生物的躯壳沉积洋底石化而成（图 6-16）。海泡石质轻、散热性好，经过泡水处理后，海泡石会变得像乳酪一样柔软，雕刻工匠可以轻易地在海泡石烟斗（图 6-17）的外壁雕刻出精巧细致的浮雕图案（一般取材自古希腊、古罗马的神话故事，也有动植物、人物等造型），具有很高的艺术价值。雕刻好的海泡石经干燥后抛光，再浸泡热蜂蜡数次就可以完成。蜂蜡会使海泡石烟斗在使用一段时间后在烟油和手汗的内外共同作用下散发出自然、深邃和高贵的棕金色（石楠根也具有相似特点，但由于海泡石本身呈乳白色，所以变色比前者更明显）。

海泡石烟斗

图 6-16　海泡石　　　　　图 6-17　海泡石烟斗

最优质的海泡石产自土耳其中部的一个特定区域的地下矿坑内。通常这种矿物藏在地底深度约 30 米的地方。另外，东非的坦桑尼亚也出产，但气孔较少，吸收力没有土耳其的海泡石好。烟嘴一般用天然或合成的琥珀，或者动物的角、骨制造。海泡石因其特殊性质，较适合作为制造烟斗的材料;另一方面,由于质地脆弱、易碎,所以只适合资深烟斗客使用。海泡石烟斗在国内极少见。

(三) 玉米粟烟斗

玉米粟(Corncob)烟斗源自美国,是由美国的海员们把粗壮的玉米棒挖空,并在两头戳孔,做成朴实美观的烟斗。19世纪以后,美国玉米粟烟斗已拥有全世界最大的市场,甚至连白宫的高级官员也喜欢用它吸烟。直到现在,南部的农民及退伍军人还在广泛使用玉米粟烟斗(麦克阿瑟将军使用的就是这种烟斗)。今天的玉米粟烟斗是用专门栽种的玉米,取其穗轴,用特殊的液体浸透,经两年左右的时间风干,然后再经其他工序处理,最后上胶制成(图6-18)。一条穗轴通常可以造两支烟斗。玉米粟烟斗除了具有质轻、多孔、散热佳等优点外,还能在抽烟时带出玉米自然散发出的特有香味。

玉米粟烟斗

图6-18 玉米粟烟斗

由于玉米粟易于吸收烟油,时间一长,玉米粟烟斗就变成深棕色,显得古色古香。它的缺点是不耐用,寿命非常短,但它价格便宜(视其质量和大小而定,每支2～9美元,通常都是按"打"购买),烧焦或变味后,就可以毫不犹豫地换新的了。在美国,玉米粟烟斗受到大部分户外工作者的欢迎,因为从事外工作很容易造成烟斗的碰撞损坏,所以他们选择玉米粟烟斗。

(四) 海柳木烟斗

据说,海柳木(图6-19)古老而珍贵。它是一种寿命可长达千年的海底灌木,属海生植物铁树科(近有资料称海柳属海洋腔肠动物门,学名黑珊瑚)。它以吸盘紧固在海底礁石上,高可达4米多,呈黑褐色或棕褐色,干粗枝密,叶片细长,酷似陆上的柳叶。木质坚韧耐腐,有"铁木"之称。由于它们终生暗藏在海底,故而又有"神木"之称。它还能预测天气变化,每逢天气转坏,室内的海柳就会渗出一层粘湿水雾,俨然是天然的"气象台"。

海柳木烟斗

用海柳木制成的各种艺术品,古时曾是帝王将相的高贵玩物。手工艺人把从海中采集回来的海柳枝干作为原料,本着"意在天然,贵在发现"的理念,进行精心的艺术加工。充分利用海柳的奇特形态、天然色泽和斑驳纹理,通过剪、车、磨、钻、雕镂等多重工序,最后根据原料的形状制作各式美轮美奂的烟斗(图6-20)、烟嘴,此外也制作成手镯、戒指、饰物和茶具、盆景等物品。用海柳制作的烟斗、烟嘴不仅精美,而且吸烟者使用时会感到清凉可口,也

图6-19　海柳木

不上火,熬夜吸烟隔天口中不觉枯燥,其药用价值也就可想而知了。

图6-20　海柳木烟斗

（五）陶土烟斗

陶土烟斗(Clay Pipe)流行于19世纪,在今天主要用于装饰。陶土烟斗源于英国、荷兰、比利时和法国。陶土烟斗的特色是价格不贵,但十分脆弱,常常禁不住摔。陶土烟斗抽起来非常烫,但可以享受一种泥土的风味,这是不同于其他材质的地方。

第三节　石楠木烟斗的选购

选购烟斗时可以随手拿起一支烟斗握握看,感觉一下手感是否满意,外形是否合适,大小是否适中,然后需注意以下几点。

一、表面纹路

仔细地查看烟斗的纹理与鸟眼,纹理与鸟眼越密集,代表树龄越老,自然价格越高。最常见的木纹如下。

烟斗选购

(1) 直纹(Straight Grain)又叫火焰纹(Flame Grain),纹路从斗钵底部向上垂直分布,像燃烧时的烈焰,是木纹的极致。火焰纹烟斗在其他条件都相同的情况下最为珍贵(图6-21)。

(2) 鸟眼纹(Bird's Eye)是旋绕的小圈纹,顾名思义,像鸟眼(图6-22)。

(3) 不规则纹是直纹和圈纹在斗壁表面不对称,不规则地随机分布。这是价值最低的

图 6-21　直纹

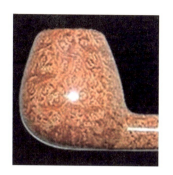

图 6-22　鸟眼纹

木纹。

虽然木纹对一支烟斗的价值有很大的影响,但与烟斗的使用效果却没有直接关系,即木纹在很大程度上只具装饰意义。不过,木纹的分布太不规范时,多少反映出木质的结构存在问题,可能会影响烟斗的寿命。但无论如何,应该避免选购那些有部分区域甚至整个斗壁都没有木纹的烟斗(该部分通常叫"秃点")。

二、饰面

石楠根烟斗的好坏,除了通过上面介绍的木纹可以分辨出以外,还可以通过烟斗表面的饰面来分辨。通常有三种不同的饰面:光面型(Smooth Finish)、沙喷型(Sand-Blasted Finish)和乡土型(Rusticated Finish)。这些不同的饰面也反映出烟斗价值上的差别。

(一)光面型

光面型最让烟斗客们梦寐以求,当然价钱也是最贵的——自然的木质纹理及瑕疵都在光面烟斗上表露无遗。

(二)沙喷型

通过喷射器产生的强大气流推动细沙粒、金属珠或者玻璃颗粒,对斗坯表面进行喷射冲击。经此处理,较软的木质被去除,斗壁呈粗糙不平的麻面状。木质选料上乘,并经适当的喷沙处理,精心加工而成的沙喷型烟斗(图 6-23、图 6-24),外形非常吸引人。因为工匠不用

图 6-23　沙喷型烟斗加工

图 6-24　沙喷型烟斗

费心对处理过后的木纹多加考虑,沙喷型烟斗一般比光面型烟斗的价格要便宜一点。

(三)乡土型

乡土型烟斗表面经过了粗化或雕琢处理,由工匠们使用尖端分叉的特殊工具,手工挖凿钵面加工而成(图6-25~图6-27)。有些乡土型烟斗与沙喷型烟斗很相似,只是表面更粗糙一些。另外,沙喷型烟斗和乡土型烟斗都具有散热性好、手握时不易滑落等优点。

图6-25 乡土型烟斗加工

图6-26 乡土型烟斗(1)

图6-27 乡土型烟斗(2)

然而,无论是何种饰面的形态,千万不要选购那些表面涂清漆(Lacquered)或者亮漆(Varnished)的烟斗。上漆,意味着把石楠木最可贵的气孔密闭起来,烟斗就不能"呼吸"了,致使吸烟时斗身高温不散。

三、整支烟斗的轻重

好烟斗虽然大,但叼得住,因为好烟斗用的木材比较好、比较轻。

四、凹面槽壁的薄厚

烟斗点火抽了差不多10分钟后就会开始发烫,那时如果用手握住,会有些烫手,如果凹面壁厚,隔热功能会好一点。所以,选择凹面槽稍厚一点的烟斗比较好。

五、选型

斗钵形态的差异在很大程度上决定了一支烟斗的美感。同时,与吸烟质量也有一定的联系。斗型最基本的分类是直式(Straight)(图6-28)和弯式(Bent)(图6-29)。

图6-28　直式斗型　　　　　　图6-29　弯式斗型

首先,从力学的角度看,叼烟斗本身就是一组杠杆。直式叼起来自然会比弯式要费力一点,但弯式由于结构上的原因,更容易积聚唾液及烟草燃烧产生的水汽,清洁也不及直式方便。此外,弯式的斗钵比直式的斗钵更接近面部,因而燃烧时可能更容易被烟熏着。从心理的角度看,直式会使主人显得比较直率、外向,弯式则使主人显得比较儒雅、成熟。当然,选择斗型最基本的原则还是个人喜好。

过去市面上弯式与直式的数量比例是3∶1,近代则是1∶1。不管是直式或弯式,重要的是加上各种造型之后,它们的重心一定要平衡。

六、价格

一把拿得出手的石楠根烟斗,在英美国家,几十美元起价;而在国内,大概三四百元人民币起价。新手显然应从中低档玩起,作为"试验品",通过不断实践,掌握要诀,提高修养。起步太高档实在是浪费,但也不要考虑太低劣的烟斗。因为低劣的烟斗不仅材料粗劣、容易损坏,而且劣拙的结构会极大地影响吸烟质量,令人沮丧。

最贵的烟斗(品牌)当然是Dunhill,从300多美元起直逼4位数甚至更高。至于一些高端的意大利和丹麦的顶级品牌,国内则极为罕见。这些高端烟斗的价值更多地体现在优质的用料、精巧的做工,还有品牌形象上。

七、品牌

(一) 登喜路(Dunhill)

Dunhill烟斗被誉为"The Rolls Royce of Pipes",意思是"烟斗界中的劳斯莱斯"。

登喜路所有的烟斗都选用最优质的石楠木根为原料,经过最少100多道独立的工序,耗时达3个多月才能完成。其创造者Alfred Dunhill是一位以"产品一定要有用,一定要耐用,一定要好看,一定要性能可靠,一定要出类拔萃"为座右铭的烟斗传说中的大人物。

1893 年,Alfred Dunhill 接手了他父亲的汽车产业。1904 年,Alfred 受到一位顾客的启发,设计了一种新的防风型烟斗(图 6-30),为烟斗业开创了一个新的历史。这款烟斗一进入市场就大获成功,极大地鼓励了 Alfred 对烟斗开发与生产的信心,从而使他把更多的注意力从汽车业转向了烟斗业。

图 6-30　Dunhill 防风烟斗

Dunhill 烟斗闻名的"White Spot"(白点)商标在 1912 年的烟斗柄上第一次出现(图 6-31)。最初是有其使用价值的——用于分辨烟嘴向上的一面。

图 6-31　带白点标志的 Dunhill 烟斗

起初,Alfred Dunhill 烟斗的白色标签都是用象牙制作的,但后来许多橡胶类的物质代替了象牙。这是由于对象牙的使用存在许多问题,不仅是因为象牙的获得饱受争议,更是因为象牙制品在一段时间后都会缩小,导致"白点"从原来镶嵌的小孔中脱落出来(这就是为什么有些收藏者会偶然发现其收藏的 Dunhill 烟斗的柄部有个小洞,而应有的那个白色标记却不翼而飞)。

但是,第一个使用白点作为其烟斗专有标记的并不是 Alfred Dunhill,而应该是德国的华云(Vauen)烟斗生产公司。其公司历史可以追溯到 1948 年,并于 1911 年正式开始使用类似的白点标记,比 Alfred Dunhill 足足早了 1 年。最终,Alfred Dunhill 公司同意 Vauen 公司仍然在德国继续销售其带有白点标记的烟斗,但当 Vauen 烟斗出口到其他国家时,应使用灰白色点代替。

登喜路旗下的莳绘斗(Namiki)罕见稀少(图 6-32),每一支都要经过 150 道手续,耗时 9 个月才能完成。其图形部分通常是由金粉或银粉画出的日式图案(金鱼、樱花、鹤、凤凰等),价格昂贵。但整支烟斗完全无法看到木质纹理,颇具争议。

图 6-32　Dunhill Namiki 莳绘斗

（二）沙芬（SAVINELLI）

沙芬公司（图 6-33）创始于 1876 年，沙芬的创始人 Mr. Achille Savinelli 在意大利米兰的市中心的 Duomo 广场 Orefici 街 2 号开设了一家专门销售烟斗及配件的商店。当时世界上类似的商店并不多见。这家小商店很快就成为众多烟斗爱好者互相交流经验、沟通想法的聚会场所。小店至今依然坐落在它最初的地点。

图 6-33　沙芬商标

1948 年，局面打开，沙芬烟斗（图 6-34）开始在各个市场赢得声誉。在开设工厂前，意大利数百万的烟斗出口到国外，但是这些烟斗的质量都不高。所以当 Achille 开设工厂时，人们质疑一个意大利人如何能和大家熟知的外国品牌抗衡。但 Achille 成功地生产了超过外来品牌质量的豪华烟斗，而且至今沙芬在世界上代表着烟斗的顶级水准。

图 6-34　沙芬烟斗

沙芬被誉为"意大利之星"。沙芬把意大利烟斗带到世界各地，成为享誉世界的烟斗品牌。沙芬拥有 80 多个基本款式，不断引导烟斗工艺的革新，成为世界最大的烟斗工厂之一，签字系列和年度限量版成为众多烟斗客梦寐以求的藏品。最重要的是沙芬烟斗带给烟斗客的品质保证。

(三) 华云 (VAUEN)

1848年,华云创立于德国纽伦堡。

华云挑选石楠木材料的首要条件就是生长在阳光充足的地中海地区的优质石楠根毛料。在挖开的石楠根中,只有10%的石楠根可以满足华云烟斗(图6-35)的制作标准,所以每一块材料对于即将制成的烟斗都具有独特的意义。从烟斗选料到售后服务,华云极其严谨负责的精神一直贯穿始终。在石楠木材的处理方面,华云的技术人员很完美地将自然与手工技术结合在一起,烟斗制作精良却不掩盖石楠木本身的特色。因此,当手上拿着一支制作精美的华云烟斗时,人们所感受到的不只是德国人高超的手艺和与众不同的创造力,还有被烟斗制作者完美还原的自然纹理和这个石楠木原始的生长形态。

图 6-35 华云烟斗

优良的品质和丰富的创意是华云160年来的传统精神。这意味着在过去的160年中,华云的手工技术始终是与那个时代的手工艺发展同步的。160年的独立制作经验使它赢得了今天乃至之后的无数烟斗收藏爱好者。

(四) 彼得森 (Peterson)

1865年,Friedrich Kapp和Heinrich Kapp兄弟在都柏林的Grafton大街开门营业,他们只简单地把烟具店命名为"Kapp Brothers"。不久以后,品牌便以优质的海泡石及石楠根烟斗驰名。后来,Charles Peterson怀揣着他革命性技术的烟斗及勃勃雄心走入店面,提议合作,把他的烟斗推广到世界各地。其后,公司改名为Kapp & Peterson。后来,他们成为都柏林广受社会名流尊崇的优质烟斗、烟草供应商。不少烟斗客和雪茄客都爱到他们雅致的店面,接受专业的建议,选择优质的手制烟斗和雪茄。彼得森品牌(图6-36)广为政治家、商业领袖、艺术家、运动家和作家们所青睐。现在,从政客到摇滚明星,都是这家烟具店的老主顾。

Charles Peterson当初的发明一直传承至今。1890年,彼得森又研发出革命性的"系统烟斗"(Syetem Pipe),把烟草燃烧时冷凝下来的多余水汽收集在特别设计的收集槽中,并配专利设计的斜度烟嘴(图6-37)。"系统烟斗"无疑为烟斗客们提供了空前绝后的干爽吸烟口

图 6-36　烟斗上的 Peterson 标志

感。彼得森——"the Thinking Man's Pipe"流行了一个多世纪,延续至今。

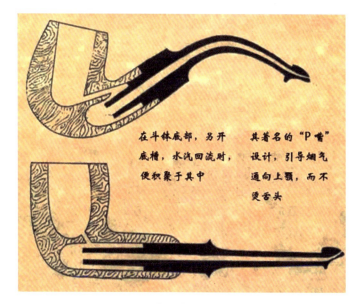

图 6-37　彼得森的"系统烟斗"

彼得森拥有百年的历史,通常斗型都非常实用,而且价格便宜,一般用作入门很适合(图 6-38)。

图 6-38　彼得森烟斗

(五) 卡斯特罗(Castello)

1947 年,在意大利 Cantu 村的一间作坊,Carlo Scotti 创制了卡斯特罗品牌。卡斯特罗是"城堡"的意思，得名于从店堂窗外的老城堡。Carlo 的目标是要制造出无论从技术的角度，还是从美感的角度，都完美无缺的烟斗。在不少人的眼里，他的确做到了。

卡斯特罗烟斗（图 6-39）以柔顺无比的吸烟质量而著称，这有赖于上乘的选料：Carlo 坚持每支烟斗都要以最优质并经独特工序炮制处理过的石楠根坯制成。虽然创立者已于百年前仙逝，但其一丝不苟、追求完美的精神长留在每支烙有卡斯特罗标志的烟斗中。

图 6-39　卡斯特罗烟斗

（六）阿施顿（Ashton）

W. J. Ashton Taylor 在登喜路作为工匠及质检、研发人员工作了 25 年。在 1983 年，终于创立自己的品牌事业。现在这个新品牌烟斗的售价已直逼登喜路，并跻身于世界顶级之列，无论在美国、德国、意大利，还是在英国本土，都非常受欢迎。阿施顿的成功绝非偶然，它不仅继承并改进了登喜路创立的革命性技术（如斗坯油处理技术、烟嘴去硫防氧化技术等），还在 Pebble Grain（减轻斗身重量，同时完全不影响木纹的美观及完整性，因而阿施顿的烟斗普遍都很轻质）等新技术上屡获专利。另外，阿施顿也继承了登喜路的质检及管理经验，产品质量广受称赞（图 6-40）。

图 6-40　阿施顿烟斗

（七）芬当（Ferndown）

芬当是"新一代"英国高档烟斗的代言人之一。Les 与 Dolly 的夫妻档生产一系列高品质烟斗，产品主要销往美国。在德国，则以"Ellwood"（L-Wood）的名字推出市场。同时，他们也为欧洲不少的独立品牌制作烟斗。最优质的是以精选希腊 Plateau 根瘤为原料，并应用油处理技术（Oil-Cured）生产的自家品牌芬当。大约 90％的芬当烟斗（图 6-41）饰面都是酷似树皮（Bark）的乡土型，余下的则是光面型。值得一提的是，Les Wood 是英国非常知名的(石楠烟斗)银饰匠,也是英国本土唯一一位在自家车间配备电动的银器车削、包嵌工具的工匠。一半的芬当烟斗都配金、银包箍(Mounts)。

图 6-41　芬当烟斗

Les Wood 在 Dunhill 积累了超过 25 年的工作经验,后另起炉灶,于 1983 年推出自己的品牌芬当,现在每年大约出产 1500 把烟斗。芬当烟斗兼具闪耀生辉的银饰及上乘的吸烟质量,美观实用,一直供不应求;同时,也是现今少数应用油处理技术的品牌之一,使开斗过程非常轻松,并且使用起来顺口、凉快。产品一般以传统斗型居多,体型较大。如今,芬当烟斗已经建立起一等一的名气,也培养了一批忠诚的顾客。

【课后思考】

1. 简述烟斗的构造。
2. 烟斗的材质通常有哪些?如何鉴别石楠木根烟斗?
3. 如何选择烟斗?
4. 简述烟斗与文化、人物气质的关系。

【项目作业】

收集烟斗相关网络资料,仔细研读其中对于烟斗品牌、制作的详细介绍,并进行总结提炼,完成一份关于烟斗知识的电子课件。

第七章

中国古典家具

任何一件家具都是为一定的功能目的而设计制造的,因此功能构成了家具的中心环节,是先导,是推动家具发展的动力。一把椅子区别于一件艺术品的最大特点就是其具有功能性,能够使人可坐可倚。椅子不仅应该具有一定的物质功能,同时在人的接触和使用过程中还应满足人们的审美需求,让人产生丰富的联想。所以,椅子的设计既涉及人体工程学,考虑人体的舒适程度,同时又不可忽略其精神境界和文化内涵……

【课前导入】

明代家具的演变——新中式家具

随着时代的发展,年轻一代的审美观念发生了变化。

"80后"和"90后"的个性特征是自由奔放的,简单而无拘无束,遵循极简主义。于是就出现了适合这种风格的新中式家具(图7-1)。

图7-1　新中式家具

这种新中式家具不是凭空而生,它有明代家具的影子,与明代家具有着很深的关系。明式家具线条优美,造型大气,结构简练,装饰恰到好处,它提出了一种简单、隽秀细腻的风格,给人一种美丽舒适的伸展。在中国家具的历史中,它已成为一个不可逾越的里程碑。

合理的榫卯结构和优良的加工工艺充分体现了明代家具的工艺水平,体现了古人非凡的智慧和艺术才能。此外,明代家具非常注重与厅堂结构的互相配套,线条组合给人很明朗的艺术效果,一点也不烦琐,与非常注重装饰效果的叠加装饰的清代家具相比,它显得更清新淡雅、简洁明朗。因此,在古代家具市场中,一直有"十清不抵一明"的说法。

如今的新中式家具沿袭了明代家具简洁优美的线条,仍然采用传统中式家具的造型结构,使用更简单的几何图形来完成对家具的整体解读,并且在古人经验的基础上结合现代时尚元素,展示出饱含古典韵味类的家具形式的现代风格,加上其环保健康的特点,非常适合现代的年轻人。因此,从某种意义上说,就像现代人和我们的祖先同呈一脉一样,无论我们走得多远,我们的身体里都流淌着祖先的血液。而新中式家具和明代家具便是如此的血肉关系。

（引用网址：https://baijiahao.baidu.com/s?id=15956309348740853248&wfr=spider&for=pc）

【教学目标】

1. 知识目标
（1）掌握明清家具的文化内涵。
（2）掌握明清家具的特点与功能。
（3）了解中国古代家具的发展史。

2. 能力目标
（1）能够对明清家具进行风格鉴别。
（2）能够为不同风格的客房选择适当的家具。

【教学重点】

明清家具各自的风格特点及其精神内涵。

【教学难点】

家具风格的鉴别。

第一节　明清之前的家具发展史

中国是一个幅员辽阔、资源丰富、历史悠久的国家，由多民族组成，因此，无论是文化艺术，还是物质文明都有着深厚的积淀，其中的家具成就可圈可点。曾经达到世界家具顶峰的"明代家具"就是我们的祖先留给人类家具艺术宝库的一笔丰厚遗产。

家具是和人们生活息息相关的实用工艺美术用品，在不同的历史时期，有不同的生活习俗，因而生产出不同风格的家具。我国自夏、商、西周、春秋战国、秦、两汉、三国、西晋、东晋、南北朝、隋、唐、五代、宋、元、明、清、民国至今，已有几千年的历史，在这历史的长河中，随着社会经济、科学技术、文化艺术的发展，家具同样在漫长的历史变迁中发展变化着。

中国传统座椅发展史

一、商周时期的家具

中国的起居方式，从古至今可分为"席地坐"和"垂足坐"两大时期。"席地坐"可追溯到公元前17世纪以前，距今已3700多年。商代灿烂的青铜文化反映出当时家具已在人们生活中占有一定地位，从出土的青铜器中我们看到商代切肉的"俎"和放酒用的"禁"，可以推测当时是在室内地上铺席，人们坐于席上使用这些家具。

二、春秋战国、秦时期的家具

西周以后,从春秋到战国,直至秦灭六国建立了历史上第一个中央集权的封建国家,是我国古代社会发生巨大变动的时期,是奴隶社会走向封建社会的变革时期,奴隶的解放促进了农业和手工业的发展,工艺技术得到了很大的提高。春秋时期出现了著名匠师鲁班,相传他发明了钻刨、曲尺和墨斗等。人们的室内生活虽仍保持席地跪坐的习惯,但家具的制造和种类已有很大发展。家具的使用以床为中心,还出现了漆绘的几、案、凭靠类家具。如河南信阳出土的漆俎,周围绕以阑干的大床等,装饰纹样有彩绘龙纹、凤纹、云纹、涡纹等。另外,还有在木面上雕刻的木几,它反映了当时家具制作及髹漆技术的水平已相当高超。

三、两汉、三国时期的家具

西汉建立了比秦疆域更大的封建帝国,并开辟了通往西域的贸易通道,促进了与西域诸国的文化交流,使商业经济不断发展,扩大了城镇建设。经济的繁荣对人们的生活产生了巨大影响,家具制造也随之发生了很大的变化。如案几合二而一,面板逐渐加宽;榻的用途扩大,出现了有围屏的榻;有的床前设几案(或置于床上);同时还出现了形似橱柜的带矮足的箱子。装饰纹样增加了绳纹、齿纹、植物纹样及三角形、菱形、波形等几何纹样(图7-2)。

图7-2 秦汉时期的家具

四、魏晋、南北朝时期的家具

魏晋、南北朝是我国历史上民族大融合的时期。西北少数民族进入中原,使得长期以来的跪坐礼仪观念产生转变,生活习俗发生变化。此时的家具由矮向高发展,品种不断增加,造型和结构也更趋丰富完善(图7-3)。东汉末年传入的"胡床"已普及民间。高坐具,如椅子、筌蹄(一种用藤竹或草编的细腰坐具)、凳等家具的传入使得垂足坐家具进一步得到发展,人们可坐于榻上,也可垂足坐于榻沿;床也增高,上部加床顶,床上还出现倚靠用的长几、隐囊(袋形大软垫供人坐于榻上时倚靠)和半圆形的凭几,床上还加两折或四折的围屏。随着佛教的传入,装饰纹样出现了火焰、莲花纹、卷草纹、璎珞、飞天、狮子、金翅鸟等。

图 7-3　魏晋、南北朝时期的家具

五、隋、唐、五代时期的家具

隋、唐时期是中国封建社会发展的繁荣时期。隋统一中国后开通贯通南北的大运河,促进了南北地区的物产与文化交流。农业、手工业生产得到极大的发展,也带动了商业与文化艺术的发展。唐初实行均田制,兴修水利扩大农田,使农业、手工业、商业日益发达,对外贸易也远通到日本、南洋、印度、中亚、波斯、欧洲等地,使唐代的经济得到发展,国际文化交流日渐频繁,思想文化领域也十分活跃、繁荣。这一切大大地促进了家具制造业。唐代正处于两种起居方式交替阶段,因而家具的品种和样式大为增加(图7-4)。坐具出现凳、坐墩、扶手椅和圈椅;床榻有大有小,有的是壸门台形体,有的是案形结构;在大型宴会场合出现了多人列坐的长桌长凳,此外还有柜、箱、座屏、可折叠的围屏等。由于国际贸易发达,唐代家具所

图 7-4　唐代家具

用的材料已非常广泛,有紫檀、黄杨木、沉香木、花梨木、樟木、桑木、桐木、柿木等,此外还应用了竹藤等材料。唐代家具造型简明、朴素大方,工艺技术有了极大的发展和提高,如桌椅构件有的做成圆形,线条也趋于柔和流畅,为后代各种家具类型的形成奠定了基础。唐代家具的装饰方法也是多种多样的,有螺钿、金银绘、木画(木画是唐代创造的一种精巧华美的工艺,它是用染色的象牙、鹿角、黄杨木等制成装饰花纹,镶嵌在木器上)等工艺。

六、两宋、元时期的家具

宋代时期,由于北方辽、金不断入侵,连年战争,形成两宋与辽金的对峙局面。但在经济文化方面,宋朝仍居先进地位。北宋初期扩大耕地面积、兴修水利,手工业、商业、国际贸易仍很活跃。由于中国木结构建筑的特点,宋代手工业分工更加细密,手工艺技术和生产工具更加进步,宋代的起居方式也已完全进入垂足坐的时代。为适应新的起居方式,宋代家具在尺度、结构、造型、装饰等方面都发生了显著的变化,出现了不少新品种,如圆形、方形的高几、琴桌、床上小炕桌等(图7-5)。在家具结构上,突出的变化是梁柱式的框架结构代替了唐代沿用的箱型壶门结构。大量应用装饰性线脚极大地丰富了家具的造型。桌面下采用束腰结构也是这时兴起的,桌椅四足的断面除了方形和圆形以外,有的还做成马足形。这些结构、造型上的变化,都为以后的明清家具风格的形成打下了基础。

图 7-5　宋代家具

【阅读资料 7-1】

中国古代座椅的变迁

中国古代最初并没有座椅,当时的人们都是采用"席地而坐"——一种跪坐的生活方式,茵席应该算是中国最早的坐具了。椅子是在魏晋南北朝时期,受到西域胡床的影响才慢慢出现的。唐代以后,椅子的基本形制形成,并且从胡床的名称中分离出来,直呼为椅子。宋代，椅子更为普遍。宫廷中所使用的椅子都是极为华丽的。宋代帝后像中描绘的椅子都有彩漆描绘的花纹，结构也趋于合理。宋代还流行一种圈背交椅。交椅又名太师椅，在家具种类中是唯一以官衔命名的椅子。这种椅子在中国古代家具的发展中占有十分重要的地位(图7-6)。

图7-6　从左至右依次为胡床、交椅、圈椅

所谓交椅，是指前后两腿交叉，交接点作轴，可以折叠的椅子。它的形成和发展过程在一定程度上代表了中国古代家具的发展过程。

如前所述，汉魏以前，我国的家具都属低面家具，无坐具，人们席地而坐，只有案几而无桌子。到了汉代，北方游牧民族的胡床传入，其样子犹如矮凳，与胡床同时传入的还有绳床。绳床是双足交叉的，可以折叠，好像现在的马扎。这种绳床后来也叫胡床。这里的"床"是坐具的含义，与眠床的床概念不同。宋人高承在《事务纪原》中引《风俗通》的话说："汉灵帝好胡服，京师作胡床，此盖其始也，今交椅是也。"

隋朝时，因为忌讳说"胡"字，又因这种椅子的特点是木制双脚交叉，张开后才能平稳，所以改名为交床。到了南宋，人们便将交床改称为交椅。据说南宋宰相秦桧坐交床时头总是向后仰，以至巾帻堕下，京尹吴渊为了拍秦桧的马屁，特地在交床后部装上托背，便成为后来的交椅。

在中国明代家具的椅类中，有圈椅、官帽椅与交椅三分天下之说。圈椅厚重，官帽椅典雅，而交椅则古朴拙趣，造型脱俗。

明代交椅以造型优美流畅而著称，它的椅圈曲线弧度柔和自如，俗称"月牙扶手"，制作工艺考究，通常由三至五节榫接而成，其扶手两端饰以外撇云纹如意头，端庄凝重。后背椅板上方施以浮雕开光，透射出清灵之气，两侧"鹅头枨"亭亭玉立，典雅而大气。座面多以麻索或皮革所制，前足底部安置脚踏板，装饰实用两相宜。在扶手、靠背、腿足间，一般都配制雕刻牙子，另在交接之处也多用铜装饰件包裹镶嵌，不仅起到坚固作用，更具有点缀美化功能。由于交椅可折叠、搬运方便，故在古代常为野外郊游、围猎、行军作战所用。后逐渐演变成厅堂家具，而且是上场面的坐具。在等级森严的封建社会里，交椅不是任何人都能坐的，坐交椅乃是身份、地位的象征。正因为交椅有如此特殊的作用，所以"坐第一把交椅"就成了首领的代名词。古书所说的那些英雄好汉论资排辈坐第几把交椅，即源于此。

在交椅进入厅堂时,其交叉折叠的椅足已失去了原来野外使用的功能,于是有人将它改成常规椅子的四条直足,这便成了"圈椅"。现传世的明式交椅,以黄花梨最珍稀,而杂木交椅的存世量不少。

第二节 明清家具

1368年,明朝建立。明初,兴修水利,鼓励垦荒,使遭到游牧民族破坏的农业生产迅速得到恢复和发展。随之手工业、商业也很快得到发展,国际贸易又远通到朝鲜、日本、南洋、中亚、东非、欧洲等地。至明朝中叶,由于生产力的提高、商品经济的发展、手工业者等自由商人的增加,曾出现资本主义萌芽。由于经济繁荣,当时的建筑业、冶炼业、纺织业、造船业、陶瓷业等手工业均达到相当高的水平。明末还出现一部建造园林的著作《园冶》,它总结了造园的艺术经验。明代家具也随着园林建筑的大量兴建而得到空前的发展。当时的家具配置与建筑有了紧密的联系,在厅堂、书斋、卧室等处有了成套家具的概念。一般在建造房屋时要把握建筑物的进深、开间和使用要求,考虑家具的种类和式样、尺度等进行成套配制。

一、明代家具

明代家具不仅在中国古典家具发展史上占有非常重要的地位,而且对世界家具的发展也产生了一定的影响。即使在今天,明代家具也依然会经常出现在人们的日常生活中。可以说,明代家具从诞生至今,已经辉煌了500多年。明代家具之所以如此受到人们的青睐主要有以下几个原因。

明代家具风格特点

(一)在选材上,采用珍贵木材

明代时,郑和带领船队七下西洋,这次航海史上的壮举开拓了中国和周边国家的贸易航线,增强了贸易往来。郑和从东南亚等国带回了黄花梨木(图7-7)、紫檀木(图7-8)、酸枝木等十分名贵的木材。正是这些名贵的木材造就了明清家具500年的盛世。这些优质木材的密度大、硬度高,有人把这些用优质木材制作的家具称为"硬木家具"。硬木家具珍贵的另一个原因则在于出材率极低。一根硬木中间深色的部分称为"芯材",外层浅色的部分称为"白表"。制作家具时可用的只是中间一小部分的芯材,外面大量的白表则被当作废料弃掉。通常,硬木长到30年以上髓心才会出现,而一根直径30厘米的髓心,树龄则要超过百年。髓心达到一定年限会糟朽腐烂,形成空洞。正因为这些优质木材的生长期缓慢,又容易形成空洞,所以有了"木之黄金"的美誉。

这些名贵木材的选用,使得明代家具的质感更加精致细腻,色泽更加深沉雅致,同时也给家具注入了更多的文化内涵。比如,色泽橙黄、明亮,木纹自然优美的黄花梨木家具,深受明代文人墨客的青睐和推崇。黄花梨赋予了家具质朴纯正、简洁明快的艺术禀性和优美形

图 7-7　黄花梨木家具　　　　　　　图 7-8　紫檀木家具

式,使家具蕴含淳厚的文人气息。而紫檀木色调深沉,色性偏冷,适宜精雕细琢的装饰工艺,所以得到一些讲究排场、崇尚豪华、追求富丽的达官贵人们的宠爱,但它与黄花梨木家具的审美趣味相去甚远。从木材的选择上可以看出两种不同的文化状态,这也成为一种特殊的家具文化现象。

(二) 在构造上,采用榫卯结构和天然鱼胶

明代家具根据不同的部位设计 200 多种不同的榫卯构件(图 7-9),再配合用深海鱼鳔熬制而成的一种黏度极强的天然鱼胶,所以才使得明代家具虽然不用一钉一卯,但却历经百年而不会出现丝毫松动。

图 7-9　榫卯结构

(三) 在装饰上,点到即止

古人将自然界的事物与人类的美好意愿相结合,用丰富的想象和美好的寓意将人们喜闻乐见的吉祥物、吉祥图案贯穿于家具设计中,但这种装饰却总是点到即止,从来不做繁文缛节的装饰。所以从明代家具中能感受到一种天然的优雅和简朴的设计理念。

(四) 在造型上,简约、厚拙、古雅、空灵

珍贵木材的选用,再加上手工艺的高度发达,古代家具发展到明代,逐渐形成了一种经典的风格样式——简约、厚拙、古雅、空灵。线条以曲线为主,玲珑剔透,隔而不断。主体完全由简洁的线条构成,方形的底座配以圆润的扶手,方中带圆,柔婉而不失厚拙。明代的桌案也完全体现这种风格,方正的造型、匀称的比例,再配以简约的线条雕刻(图 7-10)。因此学者们又把这种明代家具的风格称为实用的美学。

图 7-10　官帽椅

（五）在科学性上，人体工程学得到了很好的运用

明代家具的椅子和凳子的高度在 40～50 厘米，大致是人体小腿的长度，这样双腿可以自然地垂放下来。椅子的靠背大都与人的脊背高度相等，后背板根据人体的曲线设计成 S 形，而且稍微有一个向后 3°～5°的倾角，这样的处理使人坐在椅子上，后背与椅子靠背有较大的接触面，韧带和肌肉都得到充分的休息，从而产生舒适感。桌案因为要与椅凳配合使用，它的高度要与人的胸部齐平，这样坐在椅凳上，双手可以自然地平铺在桌案上，而桌案下面的空间也要适于腿脚的伸曲。直到今天，现代家具仍然沿用明代家具的尺寸。

（六）在意境上，追求淳朴端庄、外柔内刚的文人气质

中国传统座椅虽然本意是为了省力和舒服而制作的，但是中国提倡谦和好礼、廉正端庄的行为准则，所以椅子的靠背板和座面绝大多数仍然呈 90°，人们只能正襟危坐，在当时完全懂得舒适快感的中国人看来，姿态端正的美感似乎更重要。在此意义上，传统椅子的精神内涵超过了物质表象，审美价值更甚于功用价值，这正是反映了中国人主张的"以理节情，情理结合"，注重行为举止的礼规风范，崇尚稳重端庄、温文尔雅的品行，由此也可以解释外来的胡床和交椅为何没能流传与普及，沙发这样的坐具何以未能产生于中国。从某种意义上说，用明代椅歇息或许不是最佳方式，但它在仪式、社交、伦理上却有甚于休憩的功能，明代椅对于使用者而言，似乎更在于一种文化上的慰藉。

总之，从明代家具散发出来的细腻感与艺术感染力中可以明显看出，它的普及得益于其独特的文化特质，同时也适应了当时的家具使用环境和家具使用者的要求。明代家具的成就是举世无双的，让许多西方设计家为之倾倒。

明代家具内涵

二、清代家具

清朝对手工业和商业采取各种压抑政策,限制商品流通,禁止对外贸易,致使明代发展起来的资本主义萌芽受到摧残。在这样的社会背景下,清代家具大体分为三个时段:康熙前期基本保留着明代的风格特点,尽管和明代家具相比有些微妙的变化,但是还应属于明代家具;自雍正至乾隆晚期,家具已发生了根本的变化,形成了独特的清代风格;嘉庆、道光以后至清末民初时期,家具艺术每况愈下,进入衰落时期。

清代家具

其中,明代和清前期是传统家具的黄金时代,这一时期广州、苏州、北京等地成为家具制作的中心,各地形成不同的地方特色。

(一)广式家具

明末清初,西方传教士大量来华,传播了一些先进的科学技术,促进了中国经济、文化、艺术的繁荣。广州由于特定的地理位置,便成为我国对外贸易和文化交流的一个重要门户。随着对外贸易的进一步发展,各种手工艺行业,如象牙雕刻、瓷器烧制、景泰蓝等也都随之恢复和发展起来。加之广东又是贵重木材的主要产地,南洋各国的优质木材也多由广州进口,制作家具的材料比较充裕。这些得天独厚的条件赋予广式家具独特的艺术风格。

广式家具的特点之一是用料粗大充裕。广式家具的腿足、立柱等主要构件不论弯曲度有多大,一般不使用拼接方法,而习惯用一木挖成,其他部位也大体如此,所以广式家具大都比较粗壮。广式家具为讲究木性一致,大多用一种木料做成。通常所见的广式家具,或紫檀,或红木,皆为清一色的同一木质,绝不掺杂别种木材。而且广式家具不加漆饰,使木质完全裸露,让人一看便有实实在在、一目了然之感。

广式家具的特点之二是装饰花纹雕刻刀法圆熟、磨工精细。它的雕刻风格在一定程度上受西方建筑雕刻影响,雕刻花纹隆起较高,个别部位近乎圆雕。加上磨工精细,使花纹表面莹滑如玉,丝毫不露刀凿的痕迹。

广式家具的装饰题材和纹饰受到了西方文化艺术的影响。明末清初之际,西方的建筑、雕刻、绘画等技术逐渐为中国所应用,自清代雍正至乾隆、嘉庆时期,模仿西式建筑的风气大盛。除广州外,其他地区也有这种现象。如在北京西苑一带兴建的圆明园中就有不少建筑从外形到室内装饰无一不是西洋风格。为装修这些殿堂,清廷每年除从广州定做、采办大批家具外,还从广州挑选优秀工匠到皇宫,为皇家制作与这些建筑风格相协调的中西结合式家具——即以中国传统做法做成器物后,再用雕刻、镶嵌等工艺手法饰以西洋式花纹。这种西洋式花纹通常是一种形似牡丹的花纹,也有称为西番莲的。这种花纹线条流畅,变化多样,可以根据不同器形而随意伸展枝条。它的特点是多以一朵或几朵花为中心,向四外伸展,且大都上下左右对称。如果装饰在圆形器物上,其枝叶多作循环式,各面纹饰衔接巧妙,很难分辨首尾。

广式家具除装饰西洋式纹饰以外,也有相当数量的传统纹饰,如各种形式的海水云龙、海水江崖、云纹、凤纹、夔纹、蝠、磬、缠枝或折枝花卉及各种花边装饰等。有的广式家具中西两种纹饰兼而有之;也有些广式家具乍看都是中国传统花纹,但细看起来,或多或少地总带有西式痕迹,这为鉴定广式家具提供了依据。当然,广式家具的鉴定不能凭这一点一滴的痕迹就下结论,还要从用材、做工、造型、纹饰等方面综合考虑。

(二)苏式家具

苏式家具是指以苏州为中心的长江下游一带所生产的家具。苏式家具形成较早,举世闻名的明代家具即以苏式家具为主。它以造型优美、线条流畅、用料和结构合理、比例尺寸合度等特点及朴素大方的格调博得了世人的赞赏。进入清代以后,随着社会风气的变化,苏式家具业开始向烦琐和华而不实的方向转变。这里所讲的苏式家具,主要指清代苏式家具。苏式家具为了节省材料,制作桌子、椅子、凳子等家具时,常在暗处掺杂其他柴杂木。这种情况多表现在器物里面穿带的用料上。现在故宫博物院收藏的大批苏式家具十之八九都有这种现象,而且明清两代的苏式家具都是如此。苏式家具都在里侧油漆,目的在于使穿带避免受潮,保持木料不变形,同时也有遮丑的作用。

总之,苏式家具在用料方面和广式家具风格截然不同。苏式家具以俊秀著称,用料较广式家具要少得多。由于硬质木料来之不易,苏作工匠往往惜木如金。在制作每一件家具前,要对每一块木料进行反复观察、衡量,精打细算,尽可能把木质纹理整洁美观的部位用在表面上。不经过深思熟虑,决不轻易动手。

苏式家具的镶嵌和雕刻主要表现在箱柜和屏联上。以普通箱柜为例,通常以硬木做成柜架,当中起槽镶一块松木或杉木板,然后按漆工工序做成素漆面,漆面阴干后开始装饰,先在漆面上描出画稿,再按图案形式用刀挖槽,将事先按图做好的各种质地的嵌件镶进槽内,用胶粘牢,即为成品。苏式家具中的各种镶嵌也大多用小块材料堆嵌,整板大面积雕刻成器的不多。常见的镶嵌材料多为玉石、象牙、螺钿和各种颜色的彩石,也有相当数量的木雕。在各种木雕中又以鸡翅木居多。苏式家具镶嵌手法的主要优点是可以充分利用材料,哪怕只有黄豆大小的玉石碎或缅甸沙屑,都不会废弃。

苏式家具的装饰题材多采取自历代名人画稿。以松、竹、梅花、山石、花鸟、山水风景及各种神话传说为主。其次是传统纹饰,如"海水云龙、海水江崖、龙戏珠、龙凤呈祥"等。折枝花开也很普遍,大多借其谐音寓意一句吉祥语。局部装饰多以缠枝莲和缠枝牡丹为主。西洋式花纹极为少见,一般情况下苏式的缠枝莲、广式的西番莲已成为区别苏式和广式的一个特征。

(三)京式家具

京式家具一般以清宫造办处制作的家具为主。造办处有单独的广木作,由广东征选优秀工匠充任,所制器物较多地体现着广式风格。但由于木材多由广州运来,一车木料辗转数月才能运到北京,沿途人力、物力、花费开销自不必说。皇帝也深知这一点。因此,造办处制作某一件器物都必须先画样呈览,经皇帝批准后方可做成。在这些御批中经常记载着这样的事,皇帝看了后觉得某部分用料过大,即批示将某部分收小。久而久之,形成京式家具较广式用料少的特点。造办处普通木作多从江南广大地区选招工匠,家具做工趋向苏式。不同的是他们在清宫造办处制作的家具较江南地区用料稍大,而且掺假的情况也不多。

　　从纹饰上看,京式家具较其他地区家具又独具风格。它从皇宫收藏的古代铜器和石刻艺术上吸取素材,巧妙地装饰在家具上(图7-11)。清代在明代的基础上将这种做法发展得更加广泛。明代多限于装饰翘头案的牙板和案足间的镶板,清代则在桌案、椅凳、箱柜上普遍应用;明代多雕刻夔龙、螭虎龙(北京匠师多称其为拐子或草龙),而清代则是夔龙、夔凤、拐子纹、螭纹、虬纹、蟠纹、饕餮纹、兽面纹、雷纹、蝉纹、勾卷纹等无所不有。根据家具的不同造型特点,饰以各种不同形态的纹饰,显示出各式古色古香、文静典雅的艺术形象。

图 7-11　清代家具

　　整体上,清代家具与明代家具在造型艺术及风格上的差异主要表现为:①用材厚重,家具的总体尺寸较明代家具宽大,相应的局部尺寸也随之加大;②装饰华丽,表现手法主要是镶嵌、雕刻及彩绘等,给人的感觉是稳重、精致、豪华、艳丽,与明代家具的朴素、大方、优美、舒适形成鲜明的对比。清代家具虽不如明代家具那样具有科学性,显得厚重有余、俊秀不足,给人沉闷笨重之感,但从另一方面说,由于清代家具以富丽、豪华、稳重、威严为准则,为达到设计目的,利用各种手法,采用多种材料、多种形式,巧妙地装饰在家具上,效果也很好。所以,清代家具仍不失为中国家具艺术中的优秀制品。

　　清代家具的形成是继承了历代的工艺传统并有所发展的。清代匠师们使用各种手段、各种材料,想尽各种办法,都是为了达到他们预想的华丽、稳重的目的。因此,清代家具在装饰手法上采用多种材料,结合多种工艺,构成独特的特色和风格。它和明代家具一起,以其不同时代、不同特点代表着中华民族灿烂悠久的艺术和文化传统,在国际市场上也占有重要位置。清代中后期,由于帝国主义的侵略和统治阶级的腐败,农民起义风起云涌,国内战乱频繁,人民流离失所,国民经济遭到极大的破坏,民族手工业等各项传统工艺也随之衰落下去。清末皇宫也曾制作过一批家具,遗憾的是再也找不到技艺高超的匠师了。这个时期生产的家具大多制作粗糙、雕刻臃肿、造型呆板,毫无艺术性可言,没有研究和借鉴的价值。它们是帝国主义侵略造成的恶果,不能代表清代家具,更不能与清代家具相提并论。

三、明清家具发展概览

　　所谓明代家具,一般是指在继承宋元家具传统样式的基础上逐渐发展起来的,由明入清,以优质硬木为主要材料的日用居室家具。根据有关文字资料,它起始时被称为"细木家具"或者"小木家伙",其产生和发展的主要地域范围是在以苏州为中心的江南地区,这从传世家具实物及文献记载中都可以看到,这一地区的明代家具持续着鲜明独特的风格。到清代前期,明代硬木家具在全国很多地方都有生产,但从产品中不难看出只有苏州地区的风格特点和工艺技术最具底蕴。这种风格鲜明的江南家具得到广泛喜爱,人们把苏式家具看成是明代家具的正宗,也称它为"苏式家具",或称"苏做"。

明清家具发展概览

16世纪末至17世纪初,正值明朝市井文化的繁荣时期,虽然当时北方社会动荡、政治腐败、战乱不断,但在远隔硝烟的南方地区,人们却在大肆兴建民居、园林、宫廷,而家具作为室内主要日用品与陈设品,需求量大增,苏式家具与广式家具的设计制作水平在此时达到了高峰,同时造就了明代家具的辉煌。尤其是苏州私家园林的建造,其建筑艺术源于自然,又高于自然。私家园林是文雅之士琴棋书画的文化社交场所,并且许多私家园林的主人本身就是舞文弄墨的文人雅士,在建造园林、制作家具中,他们往往亲自出马,按照文人士族的审美理念参与园林的家具设计。这种特有的自然环境和文化氛围决定了明代家具的设计风格。

明代家具采用大量进口的硬木木料,如紫檀、花梨、红木,得到上层社会和文人雅士的喜爱,其中色泽淡雅、花纹美丽的花梨木成为制作高档家具的首选材料。国产的木材,如南方的与黄花梨接近的铁力木、榉木,北方的高丽木、核桃木等大量柴木得到广泛使用。另外,还有用于装饰的黄杨木和瘿木及专做箱柜的樟木等也都十分普及。

在装饰上,有浮雕、镂雕及各种曲线线形,既丰富又有节制,使得这一时期的家具刚柔相济,简练中显出精致;白铜合页、把手、紧固件或其他配件恰到好处地为家具起到了装饰作用,在色彩上也相得益彰。

在家具的种类上,明末清初的家具比以往任何时期都要丰富,而家具又根据使用者在不同场合的需要进一步细分,不仅有桌、柜、箱类,也有床榻类、椅凳类、几案类、屏风类等,其中最为集中的是在清朝初期。精品当数紫檀,也有少量花梨和红木。根据不同的工艺特点,做法上明显不同,可划分为紫檀作、花梨作、红木作及柴木作等,各有区别。清初的柴木家具是明代家具中的精品,许多柴木家具风格淳厚、造型敦实,体现出来自民间的审美情趣。在柴木家具中,以晋作为最优,河北、山东也不乏佳作,精品不绝。

清初之时,尽管在家具上的创新不多,但在开国之初,统治者以既开明又保守的姿态面对一切,体现在家具上就出现了尺寸扩大、形式守旧的特征;但随着政治的稳定、社会的繁荣,统治者体现到家具上的追求一是体积加大;二是装饰趋于细腻。

纵观整个家具史,明末至清初这一段时间,苏式家具达到了登峰造极的地步,流传至今的许多明代家具实物多数是清代早期苏州一带生产的。随着社会的演变,又出现许多新品种,它们都是在明代家具基础上的变体,总体风格依然是"高贵"和"典雅"。

清代中叶以后,清代家具的风格逐渐明朗起来,苏式家具也出现了新的特征,与风行全国的京式家具相互影响,又各自保留着自身的特点和历史地位,在清代各种不同风格的家具中独树一帜。

从家具的工艺技术和造型艺术上讲,清代家具在乾隆后期达到了顶峰时期,这个时期片面追求华丽的装饰和精细的雕琢。以多求胜,物极必反,过多的奢华达到极致之后,衰落已露出迹象。乾隆时期的家具已经显示出人们对未来的茫然,除了复杂细密的装饰,已无更多的标新立异。嘉庆时期曾出现了长时间的停滞,从当时皇家造办处的文件档案中可以看出,随着工作量的减少,家具生产日益衰落。这一时期的民间家具多以仿宫廷风格为主,只是更简陋、更粗糙,毫无创新可言。

道光年间以后,内忧外患接踵而至,中国遭受着外国列强的宰割。家具业也随之结束了光辉灿烂的岁月,连光绪皇帝大婚的家具也都交由民间木器作坊随意制造,其粗俗、简陋令人难以置信。民间家具以京式、苏式、广式为主。尽管京城集中了大批能工巧匠,但所制出的家具却呆板乏力;苏式家具一扫往日的高雅朴实,而变得僵硬、程式化,江南一些有名园林中所保存的硬木家具便是这一时期的产品;广式家具更多地受到外来家具的影响,狮爪脚、贝壳饰、卷草纹等在广式家具中多有出现,但仍免不了产生堆砌、啰唆的感觉,而且做工粗糙。

【阅读资料 7-2】

中西方古典家具在功能与形式的关系处理上的差异

在西方,审美功能对于形式有较大的依赖性,形式的审美意义是非常大的,因而比例和尺度之类的设计术语反复出现在有关的美学理论著作中。西方的座椅从古至今都非常注重装饰就充分说明了这一点。与中国的功能与形式合一所不同的是,西方常常把功能与形式隔离开,在古代往往出于形式美的考虑而过于强调形式,如优美的天鹅形椅背,其曲颈部分没有功能的合理性,纯粹是为了追求天鹅的优雅形态。它与著名的Klismos椅(图7-12)一样,从俯视的平面来看,其下椅脚部分伸出椅座面。当人就坐时,如果是从椅侧入座,有时会绊到椅腿。中国的家具则克服了这一缺点,椅子的腿足部分一般不超出其座面的俯视平面,其他家具也常常采用向内收敛的形式,如清代椅的内翻马蹄腿(图7-13),或采用数次弯曲来达到不超出座面的目的。中国古代文人也对家具这类器物

图 7-12 Klismos 椅

图 7-13 中式椅(内翻马蹄腿)

的形式提出要求,但更多的是要求具有"古""雅""韵"的精神气质,这种精神功能的要求不纯粹是对形式的要求。明代椅无论在材料、造型、结构还是装饰上,所表达出来的精神功能都是含蓄的、内敛的,散发出一股沁人心脾的文人气质,这就是意境在家具设计中的运用。

对于功能认识的差异,使得中国古典椅子与西方椅子在功能上的设计有很大的不同。一般而言,西方椅子的设计注重人体工程学,在使用上都比较舒适、方便和灵活,但是内涵上却缺乏情感;而中国古典椅子在使用上虽没有西方椅子舒适,但有情感的互动,感觉亲切耐看,更追求精神功能上的境界,所以在很大程度上也造就了设计的差异。

第三节　中式酒店家具设计案例欣赏

一、北京贵宾楼饭店

二、北京颐和安缦酒店

三、杭州法云安缦酒店

四、青岛涵碧楼酒店

五、迪拜阿玛尼酒店

【课后思考】

1. 简述中国古代家具的发展过程。
2. 中国明代家具的风格特点是什么？
3. 请详细介绍明代家具的科学性所在。它是如何体现"实用的美学"这一理念的？
4. 详细介绍清代家具的风格特点，并与明代家具作对比说明。

【项目作业】

以小组为单位，实地考察某家酒店，观察其家具的设计风格、材质，以及家具如何体现出酒店的设计理念，形成一份调研报告。

参考文献

[1] 李洪. 轻松茶艺全书[M]. 北京：中国轻工业出版社，2014.
[2] 周重林，太俊林. 茶叶战争——茶叶与天朝的兴衰[M]. 武汉：华中科技大学出版社，2018.
[3] 梅维恒，郝也麟. 茶的真实历史[M]. 高文海，译. 北京：生活·读书·新知三联书店，2018.
[4] 罗军. 中国茶密码[M]. 北京：生活·读书·新知三联书店，2016.
[5] 休·约翰逊，杰西斯·罗宾逊. 世界葡萄酒地图[M]. 6版. 北京：中信出版社，2010.
[6] 尼古拉斯·费尔. 干邑白兰地——燃烧500年的传奇[M]. 古炜耀，译. 广州：南方日报出版社，2009.
[7] 韩怀宗. 精品咖啡学（上）：浅焙、单品、庄园豆、第三波精品咖啡大百科[M]. 北京：中国戏剧出版社，2012.
[8] 田口护. 田口护精品咖啡大全[M]. 唐晓燕，译. 石家庄：河北科学技术出版社，2014.
[9] 马克·彭德格拉斯特. 左手咖啡，右手世界[M]. 张瑞，译. 北京：机械工业出版社，2014.
[10] 陆宇澄. 从中欧瓷器之比较看欧洲瓷器的东方情结[J]. 艺术百家，2009(6)：278-280.
[11] 熊煜，丁磊. 简述16—18世纪中国外销瓷对欧洲制瓷的影响[J]. 陶瓷研究，2011(2)：95-96.
[12] 彭亮，许柏鸣. 家具设计与工艺[M]. 北京：高等教育出版社，2014.
[13] 中国茶文化网，www.teaw.com.
[14] 酒吧地图，www.barmap.com.
[15] 中国葡萄酒资讯网，www.wines-info.com.
[16] 红酒世界，www.wine-world.com.
[17] 咖啡沙龙，www.coffeesalon.com.
[18] 烟波致爽阁，www.cigarpipe.net.
[19] 雪茄主义，www.cigarism.com.
[20] 雪茄中国，www.xuejiazhongguo.com.